李清照

林萧 著

海棠依旧，人不在

天津出版传媒集团
天津人民出版社

图书在版编目(CIP)数据

李清照：赏花人不在，海棠依旧 / 林潇著. -- 天津：天津人民出版社，2022.4
ISBN 978-7-201-18120-2

Ⅰ. ①李… Ⅱ. ①林… Ⅲ. ①李清照(1084-约1151)—传记Ⅳ. ①K825.6

中国版本图书馆CIP数据核字(2022)第038498号

李清照：赏花人不在，海棠依旧
LIQINGZHAO:SHANGHUAREN BUZAI HAITANG YIJIU
林潇　著

出　　版　天津人民出版社
出 版 人　刘　庆
地　　址　天津市和平区西康路35号康岳大厦
邮政编码　300051
邮购电话　(022)23332469
电子邮箱　reader@tjrmcbs.com

责任编辑　王昊静
策划编辑　李　根
装帧设计　三形三色

印　　刷　三河市兴国印务有限公司
经　　销　新华书店
开　　本　880毫米×1230毫米　1/32
印　　张　8.5
字　　数　162千字
版次印次　2022年4月第1版　2022年4月第1次印刷
定　　价　45.00元

序

描开易安的愁

在中国历史上，李清照绝对是一个逃不开的存在。

从文学地位上来说，她有着“千古第一才女”的称号，是婉约派词人的重要代表人物；从生平经历上来说，她跨越北宋和南宋，特殊的个人经历成为研究宋人南渡的重要史料；从金石学成就上来说，她在赵明诚去世之后继续整理《金石录》，使之成为比欧阳修的《集古录》更权威的金石学著作。

从艺术到历史，唐宋群星闪耀，但无人可盖其光芒分毫。

我们对她最初的印象大概来自课本吧？凄凄惨惨戚戚，相思又伴轻愁，这便是她了。

可是啊，合上课本薄薄的纸张，打开历史厚重的积淀，蓦然回首，才发现这个人比黄花瘦的多情小女子竟还做出过那么多惊天动地的事。

比如写下将当时文人反驳了个遍的《词论》，又如脱口而出嘲讽北宋人的千古名篇《夏日绝句》，再如 49 岁再嫁又离婚……桩桩件件，特立独行，无不惊世骇俗。

如此看来，她好像也并非我们既定认知中那个悲情哀怨的小女子。

那么，真实的她到底是什么样子的呢？

拨开诗词下的层层花蕊，描下字句后的点点闲愁，你始终无法揭开那层历史的面纱，窥见那位名唤“清照”的女词人的真容。

她到底是“沉醉不知归路”的闲情少女，还是“一种相思，两处闲愁”的多情少妇，抑或是一名有着铮铮傲骨的“不肯过江东”的爱国人士呢？

又或者，她只是跟你，跟我，跟她，跟无数个红尘中的普通姑娘一样，也为爱情患得患失，也有情思偶尔挥洒，但在大是大非面前从来都是不屈不挠，永远朝着认定的那条路走下去，以纤弱之姿对抗风雨，哪怕前路漫漫亦不退却分毫！

那是超脱了性别的豪迈和坚定，那是写在灵魂里的信仰。

原来啊，拨开易安的愁，不过一个“勇”字。

他们说女子无才便是德？她偏不，她就是要以才华碾压无数才子！

他们说文人要谦虚低调？她就是要说柳永诗词三俗，就是嫌苏轼写歌跑调！

他们说爱国和小女子无关？她偏要护金石，思项羽，跻身爱

国主义词人“C 位”！

那个世界给女性设定了很多条条框框，可她李清照不服，她偏偏要打破陈规，打破桎梏，勇敢创出自己的一片天！

本书将李清照的人生分为六个阶段，通过她在不同时期留下的诗词剖析她的性格和生平，讲述她在面对婚姻、事业变故和国破家亡时永不放弃的顽强精神。

本书不仅涵盖了李清照毕生的重要诗词，还旁征博引了其他著名词人的经典诗词和历史知识，希望能够帮助读者在增加文学素养的同时更好地了解从北宋到南宋那段内忧外患的历史，培养我们的民族荣誉感和人文主义情怀。

最后，笔者希望能够通过她的故事给读者传递一种不服输的精神和勇气，我们一起以她为表率，谱写更加精彩的人生乐章。

目录 contents

第三章　屏居青州

第四章　靖康之乱

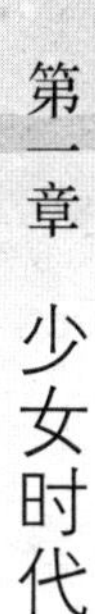

第一章　少女时代

少女，大约是这世间最美好的词汇了。是蓓蕾待放，是豆蔻梢头，是一朵水莲不胜凉风的娇羞。

那么，女词人的少女时代是如何度过的呢？是『误入藕花深处』的无忧无虑，是『蹴罢秋千，起来慵整纤纤手』的乐不知愁，抑或是满腹『夏商有鉴当深戒』的忧国忧民？

来，掀开诗词的画轴，让我们一起走进易安的少女时代。

无忧少年时

人生如梦，大江东去，历史的波浪卷起千堆雪，迎来了1084年的春天。

这一天，寂寞空庭春欲晚，草长莺飞花烂漫。这一天，吟唱着“千古风流人物”的苏轼怎么都想不到，他的学生李格非生下了这世间几千年来最伟大的才女。而后，这位才女与豪放派的苏轼半分了诗词的江山，形成了一股独特的婉约之风。

这位才女，就是李清照，号易安居士。

据说，李清照出生在春花烂漫的三月，用西方的星座来分，便是浪漫多愁的双鱼座，而这个小姑娘也确实是天真烂漫又细腻多情。关于她年幼时的经历，后世者已无从通过更多的史料去印证。她早年的诗词也遗失了不少，而今得以留存的，便只有寥寥数首。

常记溪亭日暮，沉醉不知归路。

兴尽晚回舟，误入藕花深处。

争渡，争渡，惊起一滩鸥鹭。

在这寥寥数首幼年诗词中，这首《如梦令·常记溪亭日暮》被猜测是她十六岁初来汴京之时的处女作。

那时，李清照随父亲李格非从山东章丘来到汴京，定居在京城“经衢之西”的一处被称为“有竹堂”的幽雅之地。关于“有竹堂”，“苏门四学士”之一晁补之曾有《有竹堂记》作如下云：“济南李文叔为太学正，得屋于经衢之西，输直于官而居之。治其南轩地，植竹砌傍，而名其堂曰‘有竹’，牓诸栋间，又为之记于壁，率午归自太学，则坐堂中，扫地，置笔研，呻吟策牍，为文章数十篇……”

晁补之是苏轼的学生，也是李格非的至交。韩淲在《涧泉日记》卷上云：“廖正一明略、李格非文叔、李禧膺仲、董荣武子，时号‘后四学士’。”

韩淲是南宋著名文人，留下诸多典籍，他的话很有说服力。因此，即便很多人对李格非“后苏门四学士”的称号多有怀疑，亦不敢完全否定。

后期，晁补之对于李清照的影响也非常大，这一点，容后再谈。

此处，晁补之在《有竹堂记》里详细讲述了“有竹堂”的来历。大概是李清照六岁的时候，李格非任大学正，开始着手在汴京置屋。为了日后方便将妻子女儿接过来，过上雅致的生活，李格非还特意在堂内种了很多竹子。

说到这里，又不得不提一下李清照的母亲。有说法说，李清照之母是状元王拱辰的孙女，这名王姓女子很有文学修养，对李清照影响甚深。这也从侧面解释了李清照如此才华横溢的原因。其实，这种说法是有待考证的。

在《宋史》中，有一篇李格非的传记，叫作《文苑志·李格非传》。那篇文曾如此写道："李格非，字文叔，济南人……妻王氏，拱辰孙女，亦善文。女清照……"这里说，李清照的曾外公是宋时翰苑名流、最年轻的状元王拱辰。

可再看看另一段，北宋时有位叫作李清臣的才子在《王文恭公珪神道碑》中写道："元丰八年(1085年)四月，丞相王公珪感疾……五月己酉薨于位……女，长适郓州教授李格非，早卒……"这里李清照的外公又成了丞相王珪。

那么，李清照的少女时期到底是过得悠闲自得还是年幼便已失孤，那些看似闲逸野趣的生活实则是无人管束后的叛逆之举呢？笔者想，这首《如梦令·常记溪亭日暮》其实早已给出了答案。

李格非仕途并不如意，从"再转博士，以文章受知于苏轼"到"官大学正"再到被外放为广信军（今河北徐水遂城西）通判，颠沛流离，直到绍圣四年（1097年）升任礼部员外郎才算是在汴京安定下来。安定下来后，李格非终于将李清

照接到身边。彼时，李清照适逢十五六岁，她一面对京都鳞次栉比的亭台楼阁和觥筹交错的繁华生活充满好奇，一面又怀念着生活多年的故乡。而这首词，据考证，便是她忆故乡之作。

诗中的“溪亭”是一座临水的亭子，这处临水的亭子位于湖山佳胜的明水原籍，诗中情境发生的时间大概是在 1098 年的春、秋季节。彼时，豆蔻少女正处于乐而不知忧的年华，也因此，这首用于研究宋朝闺阁女子出嫁前生活的词至今仍被反复提起。

那是一个斜阳半落的傍晚，天边恰有一抹余晖，少女的脸庞于金黄的斜阳中染上日暮的昏黄，可即便夕阳已红，豆蔻年华的少女们似乎没有任何感叹时光易逝的悲情，有的只有游兴未消的盎然。

你看，她们一个个靠着临水的亭子，喝酒玩闹，直到酒色浅染，直到她们醉得连回去的路都忘了。

夕阳一点一点地沉下来，西山边有薄雾开始笼罩整个大地。天色已然要晚了。彼时，也许有姑娘还有着些许清醒，她担忧地看了眼在暗影中变得深沉的连绵青山，赶紧提醒这帮醉醺醺的姐妹道：“姐妹们，天色晚了，晚归定是免不了要被爹娘教训一番的，我们赶紧回去吧。”姑娘们接连点头称是，纷纷兴尽而归了。

抑或姑娘们只是玩得尽兴了，都累了，便自发打算泛舟归家。

不管如何，她们一个个总算是欢笑着登上小舟，离开了这

处临水的小亭子。亭子里面一派觥筹交错后的余兴，还有少女未写完的心事暗语，顺着晚风，被吹到了江上的不归处。

小舟在藕花河里破水划开，岸边的亭台在余光中越来越远，身后的夕阳在她们的背上洒下柔和的光。耳畔清风微凉，使得她们醉醺醺的大脑澄澈了些许。姑娘们彼时蓦然发现，她们竟然划到了藕花深处。

这可如何是好，会不会迷路，会不会晚归，会不会被父母责罚呢？

这一担忧让姑娘们顿时手忙脚乱起来，她们叽叽喳喳地发表自己的意见，寻找着归路。有的觉得应该往南，有的觉得应该往东，有的又觉得应该往北，姑娘们谁都不能说服对方。这时，有个姑娘动作敏捷地抢来了桨开始划，别的姑娘一看，也纷纷效仿。一帮女孩子争着抢着，笑着闹着，身边盛开的荷花静静地看着她们，含笑不语。

突然，藕花深处乍起一片平波，有翅膀的扑棱声响起，姑娘们都停下争桨的手，朝着声音发出的方向看过去。原来啊，是她们的声音惊到了水畔下隐匿的水鸟，这些水鸟张开翅膀飞远，渐渐地消失在天边，与晚霞映成了一道。

词的最后戛然而止，如那抹逐渐变淡的夕阳，如那片逐渐变黑的天色，言尽而意未尽，极度耐人寻味。

这首词将一群“年少不识愁滋味”的少女描绘得宛如跃然纸上，鲜明生动。她们肆意地喝酒玩乐，从她们身上一点

儿都看不出封建女子该恪守的教条，她们的天性被完完全全地激发，那种肆意挥霍青春的劲头比之当代姑娘也不落下风，更何况是在当时。

可想而知，对于当时的人来讲，李清照的行为是多么惊世骇俗。由此可见，当时的李清照定然是一个另类。

事实上也确实如此。

李清照好像特别喜欢喝酒，酒是她诗词中必不可少的一个意向，喝酒是她人生中不可或缺的一件事。开心时喝，不开心时还喝。这一习惯几乎是从第一首诗贯串到最后一首诗，可以说，喝酒串联起李清照的整个文学生涯以及现实人生。

她曾经在金兵南侵后写下“故乡何处是？忘了除非醉”这样借酒消愁的词。如若说，彼时的李清照已经淡化性别，成了一名爱国主义诗人，这样一副放达名士的口吻只是凸现她豪迈悲凉的一面，那么，她在《玉楼春·红酥肯放琼苞碎》中写的“要来小酌便来休，未必明朝风不起”便可更为形象地展示她日常的生活。这句诗翻译过来便是，要来喝杯小酒赏赏花便来吧，明天未必就不会起狂风。由此可以看出，李清照几乎可称得上是嗜酒如命了。

可事实上，酒是什么呢？对男人来说，是“何以解忧？唯有杜康”的佳物。男性文人，或者即便是一般的男人，好像只要一捧起酒杯必然是荷尔蒙爆表，不然你看，施耐庵写武松打虎的那段，便反复渲染武松喝酒的场景。那其实就是对于武松威猛形象的层层烘托，效果十分好。可那是男子，对于女子来讲，成日酒气冲天怕只会留给后人一个醉醺醺的邋遢妇人的形象。喝酒自古以来便不是女子该有的特征，尤其是在男女之大防的封建社会。

如若李清照真有个才华横溢、出身名门的母亲，那她的母亲当真会让她喝酒吗？答案自然是否定的。即便在现代，少女时代就沉溺于杜康恐怕会令很多母亲担忧不已，更别说是在礼教森严的古代。再反观《红楼梦》里与封建社会格格不入的林妹妹。她母亲早去，父亲对她疼爱有加，年少时便让她博览群书，使得林妹妹无形中便被加注了一层反叛的思想。林黛玉虽然柔弱，是女子中的女子，可她一点儿都不是端庄得宛如按照封建模板复制出来的薛宝钗，她追求自由恋爱，也喜欢看众人视为洪水猛兽的《西厢记》。特立独行这一点，与李清照何其相像。由此，我们多半可以猜测到，李清照的生母怕是早已逝去了，母亲故去的少女，过得也未必如诗歌表面所写的那般无忧。

如何有忧呢？我们再分析一下这首词的写作时间。

很多人都猜测这是她初来汴京之作，因为，诗中所写的她只知饮酒作乐，必然向未经历太多生活的苦楚。而整首词的行文风格也活泼而多变，文风青春。可事实上，通读整首词，我们已经大概能体会到一丝少女的青涩忧愁以及她对韶华易逝的感叹了。整首词选取的时间点是晚上，游历即将结束的时候，而词尾与晚霞映于一道的鸥鹭流露着时光不可追溯之感。也因着日薄西山，早先的醉酒游乐显得那么似真似幻。在笔

者看来，词结尾那丝似有若无的韵味，理应是诗人作诗时欲说还休的心境写照。有这般心境，必然不会太过年轻。

这时的李清照应该是有了什么忧愁的事情，或者是对时光易逝有了一些初步的感悟，所以才会以游玩之末尾当作着笔点，而不是游玩的过程。也因此，笔者解读这首诗与一般人有些不一样的看法，他人觉得全诗表达了“少年情怀自是得”的野逸乐趣，笔者却觉得，这首诗即便是认作历经飘零后而作也并无不可，因为“为赋新词强说愁”的少年人是不会有如此精妙的留白的。

不过，易安居士本就才华盖世，年少多感，所以，年纪轻轻便写出如此诗作倒也不无可能。因此，便不对成诗时节再作过多揣测了，我们只需知道，诗中的生活，确是她最为早期的闺中之乐，那便可以了。

敏锐的政治嗅觉

李清照作品散失太多，留存下来而又比较可靠的有词四五十首、诗十余首、文数篇。按理说，真正能代表她的应该是词，词作亦是描写她离愁别绪的重要载体，但事实上，笔者认为这仅存的十余首诗对于分析李清照来说却是必不可少的。因为，如果词是她对生活、对爱情、对自我内心的剖析，那么诗就是她作为一个大宋人最不屈的气节，是她刚强不屈、解放自我的一面。

这一点，是极其难能可贵的。之所以这样说，是因为我们要考虑一下李清照所处的时代。

封建社会的女性，总会给我们留下“被压迫”“男权附属”这样的印象，即便在盛唐之时，因胡化之风盛行，女性所受约束较少，地位相应较高，也只是昙花一现。随着安史之乱的发生，为了防止妇女干政，统治者开始重用宦官，由此开始，女性地位日趋下降，到了宋代理学兴起，妇女被束缚得更重了，

“女子无才便是德”一度被认为是女性应当遵循的金科玉律。

李清照生活在这种环境中，却从来没想过安心地依附于父权、夫权，当个在大树底下乘凉的“岁月静好”文艺女，她的内心早有一股蓄势待发的气势。这气势，便是对朝堂以及国家大事的关注。这种关注并非是想登堂入室的权力欲望，而是一种悲天悯人的感情。

李清照有着依附的资本，据她在《上枢密韩公诗二首》诗序中称“父祖皆出韩公门下”，可知其父祖辈皆为“蚤有盛名，识量英伟”（《宋史·韩琦传》）的学士韩琦的门下士。父亲李格非也颇有盛名，进士出身，朝廷官员，亦是苏轼门生，家世不可谓不显赫。

可以说，李清照不管是从哪个方面来讲条件都是颇好的，怕也算是那个时代的一位“白富美”了，自然，还要再加上一个“有才”的标签。封建时代的女子，不管是凭借着易逝的美貌还是吟弄两首风月的才华，都是可以的，这些名目足够她们待价而沽，换得一个安身之所，不去想那颠沛流离了。何况李清照还有个良好清白的家世。

可李清照从不是依附大树乘凉的闺阁女子，她的心也不在“今日做得哪件好女工，明日要嫁哪家好郎君”上，她的心要更大点，她为张耒的《读中兴碑颂》而作的和诗《浯溪中兴颂诗和张文潜二首》便是明证。这个小女子在闺阁之中便时刻关注着天下大势，眼界之高，心境之广，同时代的大部分人都是不可企及的。

其一

五十年功如电扫，华清花柳咸阳草。
五坊供奉斗鸡儿，酒肉堆中不知老。
胡兵忽自天上来，逆胡亦是奸雄才。
勤政楼前走胡马，珠翠踏尽香尘埃。
何为出战辄披靡，传置荔枝多马死。
尧功舜德本如天，安用区区纪文字。
著碑铭德真陋哉，乃令神鬼磨山崖。
子仪光弼不自猜，天心悔祸人心开。
夏商有鉴当深戒，简策汗青今具在。
君不见，当时张说最多机，虽生已被姚崇卖。

其二

君不见惊人废兴传天宝，中兴碑上今生草。
不知负国有奸雄，但说成功尊国老。
谁令妃子天上来，虢秦韩国皆天才。
花桑羯鼓玉方响，春风不敢生尘埃。
姓名谁复知安史，健儿猛将安眠死。
去天尺五抱瓮峰，峰头凿出开元字。
时移势去真可哀，奸人心丑深如崖。
西蜀万里尚能反，南内一闭何时开。
可怜孝德如天大，反使将军称好在。

呜呼，奴辈乃不能道辅国用事张后尊，乃能念春荠长安作斤卖。

聊李清照的这两首和诗之前，我们先聊聊这“中兴碑”的前尘过往，这有利于我们更好地去分析李清照以及她的这两首诗。

中兴碑在浯溪东崖区，浯溪位于湖南省祁阳县西湘江边上。此碑高、宽各 110 厘米，字大 6 至 8 厘米不等。碑文由行楷书写而成，姿丽而遒劲。

此碑与唐宋文人的关系匪浅，“浯溪”得唐代诗人元结命名，元结爱其山水胜异，卜居此地，并于 761 年作《大唐中兴颂》。彼时，安史之乱刚刚结束，元结作为领军平叛的首领，自是欢欣鼓舞。该颂序用散句，交代了安史之乱的来龙去脉。而后，他邀颜真卿将此诗写成楷书镌刻于江边崖上，史称“摩崖碑”。此颂碑对后世影响极大，宋代文坛名家黄庭坚、张文潜、杨万里均有诗文记之。

因中国文人向来喜欢和诗，自唐至宋几经变迁，中兴碑边被刻入了很多文人骚客的诗句。

李清照这两首和诗颇有压轴之意，毕竟，不管从文笔还是从立意上来讲，都是别具一格的。对此，用“举天之和诗，一美至斯矣”来形容亦是可以的。自她之后，怕是再也无人敢狗尾续貂了。这也并非笔者的一家之言，南宋周辉、明朝陈宏续、清朝王士祯，乃至当代王璠都曾为其留字斧正。

好了，对于这些细枝末节我们便不再过多赘述，来说说李清照作诗的年纪吧。

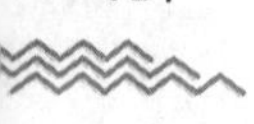

这两首诗的成诗时间没有确切记录，但可以肯定的是，是在李清照的少女时代。

一个少女能写出什么样关于国家大义的诗呢？是附庸风雅还是少年强说愁呢？别急，我们且通过诗句来慢慢分析。

接下来，我们以李清照的口吻，来还原这首和诗的来龙去脉吧。

近日，闲来无事，我便开始读父亲书橱里上至夏商文明下至近代书林的相关典籍。滚滚红尘风云变幻，朝代更迭权力交替，这一切自我眼前如云烟般闪过，引发了我的颇多感触。

我的父亲曾亲自划船送“苏门四学士”之一张耒游庐山，其间经过樊口，他们一起下巴河，上灵岩寺，一路饮酒赋诗好不逍遥。在经过浯溪的时候，张叔对元结的《大唐中兴颂》摩崖碑石产生了兴致，挥毫赋诗一首。

我看完张叔的诗后，觉得张叔的观点很好。清照不才，有感而发之后也愿肤浅地唱和拙作。

我近来读书越多，越是觉得凡事都是有根源的。比如，元结曾在天宝六载（747 年）长安应举，却因李林甫玩弄权术致当年应考者全部落第而深受重创。元结只好归隐山林，至此对李林甫之流深恶痛绝。

这首颂表面上是对肃宗平定安史之乱的功绩加以歌颂，其实，只是对李林甫之流的斥责和树立自我形象罢了。

张叔很明智，看透了元结的私心，他并非大力歌颂李氏父子的功德，而是着眼于立下赫赫功勋的郭子仪身上。

对比张叔跟元结的诗句后，我有一肚子的话想说，却又无从说起。罢了，我也来班门弄斧一次吧。

【其一】

李隆基在位大约五十年，其间建功立业也不在少数，却因安史之乱而像遭雷轰电扫般转瞬便毁灭了，而今剩下的也只有华清宫墙的花、路旁的柳和咸阳道上的荒烟蔓草。

当年饲养瑞兽异禽的五坊人员以及会斗鸡的少年，曾因为皇帝供养了一些雄鸡金尾而无法无天，我不信他们不懂玩物丧志这一浅显道理，可他们最终只知沉迷于享乐，任春光老去，白了少年头。

玄宗贪图享乐，万万没有想到他所宠信的胡儿一再加官进爵，升为三镇节度使的安禄山竟然也起兵造反。叛军攻下东京洛阳随即西进长安，他们来势汹汹，犹如从天而降。安禄山、史思明虽然表面老实憨厚，内里却是十足的野心家啊。

胡马在勤政楼前西撞东走，撞倒宫中佳人的珠翠宝物。珠宝散落一地，扬起了尘埃。是什么原因造成唐朝的军队一出战就溃败如洪水呢？原来，当年朝廷专设驿站，选上好的战马，从南到北地接力，只为使杨贵妃能够吃上鲜美的荔枝。

上古贤明君王尧舜的公德比天还高，他俩的功绩岂是区区的文字、小小的文章可以记载与表示的，其德泽自在人心世代相传。因此，这表露功绩的“中兴碑”就是个笑话！

安史之乱本就是唐王朝咎由自取所致。所谓的平叛、中兴根本不值得拿来大书特书，更不值得用碑石镌刻来歌颂。

元结撰写碑文将肃宗李亨收复二京作为唐朝中兴的公德传

扬后世，就显得见识不广。更过分的是，他竟然还要叫鬼工神差在浯溪的山崖上凿石刻碑，浅陋至此！

孰不知安史之乱能得以平息，这本是郭子仪、李光弼精诚团结、互不猜疑的功劳，与其无关。

夏朝与商代灭国的教训应当引起我们深刻的警戒，那些古代的典籍史册现今也还安然俱在。

更何况当年唐朝丞相张说的心计是多么的巧变诡诈，到头来不也是落入了姚崇的圈套吗？

【其二】

你有没有见到过被世人称赞的繁华盛世？这也只是持续到了唐玄宗天宝元年，就再也不见了踪影。剩下的就只有那将平定安史之乱吹嘘成至高功绩的中兴碑上所丛生的杂草。

那些沽名钓誉的人向来喜欢粉饰太平，从来就不提差点儿颠覆国家的奸雄，只说平定战乱后的成功，并将那些其实也没有什么功绩的上位者称为英雄。不懂得居安思危，不懂得慎思慎独，这是多么愚蠢可笑的行为啊。

唉，这也难怪了，谁让那杨贵妃貌美如花，好像从天上下凡来的呢？你看，连杨贵妃的三个姐妹都是天才啊，不然唐玄宗又怎么会分封了虢、秦、韩三国作为她们的封地呢？

安史之乱之前，唐明皇跟杨贵妃天天用羯鼓、方响奏乐歌唱，玩得不亦乐乎。他们击鼓作乐时，好似那下凡的仙人一般美，连春风也不敢吹起尘埃，生怕打扰了二人的兴致。

那些后人只知赞美唐玄宗跟杨贵妃的爱情，他们又怎会管安史之乱是由谁引起的呢？

只是可怜了那些健儿猛将，好还上有老下有小呢，就这么战死沙场了？这一切本可以避免的啊！

瓮肚峰高耸入云，峰头凿出了“开元盛世”的字样，看上去是多么的恢弘，好似要将大唐盛世延续到天地的尽头。只是可惜，这才不过数百年，峰还在，盛世却早已不在了。

时光流逝，盛唐江山一天天地衰落下去，李辅国那般心地险恶的奸诈之人，他们的阴暗心思比那悬崖还要深，可当朝的皇帝明知道如此为何还要重用呢？

安史之乱发生时，唐玄宗一路往西逃跑了将近万里，一直逃到西蜀。可即便逃了那么远，他还是能返回的。而当唐玄宗回到长安之后，唐肃宗重用李辅国，还将唐玄宗迁于西内办公，关闭了唐玄宗曾经办公的南内，唐玄宗便再也回不到原来的办公地了，这就如同曾经的大唐盛世一去不复返啊。

南内什么时候能再得以开放呢？辉煌什么时候会再来光顾大唐呢？哎，想想也知道，这是不可能的了。

可怜啊！功德绩效本应该比天还大的君王竟开始庆幸，庆幸好在没有另一个高力士再在朝堂中乱来。这些君王的眼界啊，怎能如此狭窄呢？

可悲啊，人们只知道责备唐玄宗宠信高力士、引入杨玉环误国之罪，却不知道责备唐肃宗宠信李辅国、张后之弊。

不知道也很正常啊，人们才没心思去管那朝堂呢，人家一天到晚关注的，是长安春荠一斤按多少钱卖这样关乎自身的琐事！

整首诗分析完了，有什么感觉呢？

我只觉得一个词：讽刺。如洋葱般直刺心扉的辛辣讽刺。这种强烈的讽刺反映出李清照的刚正气节。尤其是两首诗的结尾。

前一首的最后一句要根据郑处诲《明皇杂录》里记录的一个典故来理解。

说是姚崇临终前对儿子说："张说与我素来政见不和，但又为人奢侈。作为同僚，我死后他必来吊唁，你们就将我平生的珍宝陈列出来，如果他不加顾视，便凶多吉少；如果他盯住这些宝物，就赶紧把这些东西送给他，并请他给我作神道碑文。他作的碑文一送来，你们一面速奏朝廷，一面立即刻石。待他几天之后省悟过来，事已迟了。"

姚崇死后，张说前往吊唁时，果然对姚家的宝物垂涎欲滴。姚崇的儿子便按照他父亲的嘱托办理，将宝物送给了张说，而后邀请张说作碑文。张说因为拿了人家的钱财，所以在为姚崇所写的神道碑文中，对其功德倍加称颂。

不出几日，张说果然差人到姚家，以措辞欠周为由，要将碑文取回修改。

姚崇的儿子便陪来人观看已经刻石的碑文，并说此文已上奏朝廷。听了使者的回话，张说才知道自己又被姚崇算计了。

这里，李清照借用此典故，有借古讽古之意，通篇流露出她对于元结"聪明反被聪明误"的浓浓不屑之情。

后一首的最后一句要清楚直白得多，直接讽刺了那些不长记性的唐人，说他们只知关注一些鸡毛蒜皮，比如春荠多少钱一斤这样的琐事，而从来不关心国家大事。

可以说，这时的李清照可真是一点儿都没有闺阁女子的温柔贤淑，与词里的那个她完全不像是同一个人，整个人都充斥着挥斥方遒、指点江山的傲气。如若不说此诗出自清照之手，谁又敢肯定，这是一位不满十六岁的女子的诗作呢？

可事实上，李清照赋这样的诗句并无不妥，甚至可以说是很有必要的。

彼时的宋朝堂王安石变法引起了派系斗争，斗争到最后，成了统治阶级内部不同党派之间的激烈争论，两派政治力量你上我下，互相倾轧。两派中的任何一方一旦得势以后，本派内部又会迅速分化，争夺更甚，如此这般你来我往，将朝堂折腾得乌烟瘴气。后期，神宗的动摇，高后的专权，哲宗的无能……这一切都在无形中助长了大官僚们之间的争夺。因而，朝廷的功能日渐丧失，进而沦落成了官僚们操刀相向的战场。

无疑，这一形势是非常严峻的。可大部分人都对此毫无察觉，反而为了自身的荣华富贵选择加入某一党派，寻求庇护。此举，更是将朝堂严峻的形势推向了水深火热的地步。

李清照这个小女子的嗅觉敏锐得出奇，也不知她是刻意关注国家大事，还是只是隐射父亲李格非动荡的官场生涯。不管如何，我们可以确定的是，如若她为男儿身，身在朝堂，定会进行一番大刀阔斧的改革，使国内一心，共御外敌。李清照的内心生活着一位男子，可她的外表又是一位姑娘。

所以，李清照在很多时候看上去很矛盾，忧伤多愁又豁达酗酒。

很多人会觉得，花啊酒啊，也许只是作词人笔下的意象，

并不是真实存在的。笔者却觉得，对于李清照来讲，花与酒必然是在眼前才会在诗里的。因为她就是这么一个有着惆怅外表、彪悍心灵的人。

易安居士，若她是男儿身，那该是多么英姿飒爽啊。比旷达的苏轼多了份温情，比忧伤的纳兰多了份恣意，又比豪迈的李白多了份愁结。笔者丝毫不会怀疑，她会成为比兰陵王、嵇中散更具备风骨与传奇的佳公子。

可惜，这只是假设，因为易安居士确实是一位不折不扣的女子，有女子的温情，有女子的忧郁，在封建社会也有太多的无能为力。

想来，易安只能是如后期有力无处施的辛弃疾般，道一声“梦里挑灯看剑”吧。可辛弃疾至少真的曾有“沙场秋点兵”，这样的机会，易安是决计不会有的。

那个年代，社会赋予女子的权利少得可怜。

所以，李清照也只能在诗中发泄一场，然后，眼睁睁地看着她的国家一日日地衰败下去，只能继续在闺阁中写那些看似伤春悲秋、实则借花落之忧抒国破之悲的靡靡小调。

这，可真是让人无奈且忧伤啊。

汴京生活

“秋千”在古代诗词世界里是一个很常用的意象，诸多诗人曾经借用秋千点缀过自己的诗句。南唐诗人冯延巳就曾经写过一首《鹊踏枝》，词中有一句很有名的句子：“泪眼问花花不语，乱红飞过秋千去。”

后来，宋朝大文学家欧阳修初读此句便觉精美，将其借用到自己的《蝶恋花》中。这句点睛之笔进而成了全词的灵魂，不但符合整首词的意境，还抬高了整首词的格调。惊为天人的词句，加上彼时作为“唐宋散文八大家”之一而名声在外的欧阳修，这句词自然地就这么出名了。

自从欧阳修将“泪眼问花花不语，乱红飞过秋千去”这句诗彻底带火之后，众人开始疯狂地迷恋上了“拼诗”。比如温庭筠的“百舌问花花不语”，严恽的“尽日问花花不语”都是借此脱化而来。向来不喜服输，连父亲朋友张耒的诗句都要和上一和的李清照自然不会落了下风，她极爱这两句诗，曾不吝赞美地说过“此词余极爱之”这样的溢美之句来表达自己的喜爱之情，并作下“庭院深深”等数阕来和之，后期那一系列的《临江仙》便是了。

“秋千”曾经多次出现在李清照的诗词中，最著名的一首，大概是要数《点绛唇·蹴罢秋千》了，那句“蹴罢秋千，起来慵整纤纤手”，使多少大宋的闺阁女子成了缠卧美人榻的女文青啊。李清照可以说是大宋小资派最典型的代表了，她很会生活，且善于发现不起眼的美，并能赋予这种美一种极其夺目的姿态，很容易引起人的共鸣。

李清照的“秋千”总是跟贵族女子悠闲舒适的生活联系在一起，因为她诗名在外并且家世不错，李清照诗词中的生活便逐渐成了当时富家女子所追求的一种典范，“秋千”也逐渐变成豪门贵族家的红男绿女的代表性游戏。

由此引出我们下文所要分析的诗词——《浣溪沙·淡荡春光寒食天》。这首诗词在李清照众多的诗词中并没有那么有名，也无甚过多的代表性。不同于前一首激荡的英雄情结，这首词描写了她最为平常的生活状态，也是大宋时期大部分贵族女子最平常的生活状态了。

下面，我们就来见识一下大宋贵族女子的闺中生活吧。

淡荡春光寒食天，玉炉沉水袅残烟，梦回山枕隐花钿。

海燕未来人斗草，江海已过柳生绵，黄昏疏雨湿秋千。

这一年，我不过十六。

这一天，恰是春末时节，空中有拂面而过的清风，也有零散飘乱的柳絮杨花。寡淡的日光散散地照下，有一丝韶光接近末尾的哀凉。

我的少女时代就要结束了。

长大的时光会是什么样子的呢？是像炎热的夏那般的炽热吗？我会遇到一个让我不顾一切的人吗？想想就觉得有些惶恐，惶恐中又带着隐隐的期待。

我的心情，还真是恰恰对应了这清明时节的寒食天，年轻且凄凉，活力又沧桑。年轻在恰是早春四月，凄凉在正处清明时节。既有一年之春的烂漫，又有着寒食天祭奠逝的凄怆。我的人生也是如此啊，我好像正处在岔路口，遥望眼前是对长大之后拥有另一段生活的期待，遥望身后又是对年少人事逝去的不舍。我的心情啊，真是纠结得无法言喻了。

罢了，还是好好抓住这春天以及少女时代的尾巴，好好享受大好时光吧。

你看，堂室里面放着一个香炉，那个香炉好生别致，不知是哪个朝代所制，也不知它在辗转流离的过程中见证过什么美妙的爱情，与何人发生过如“日照香炉生紫烟”般的趣事。

不想了不想了，越想越难以弄明白，徒增烦恼，还是看香炉里的沉香飘出来的烟吧。

你瞧瞧这烟，一缕一缕的，娉娉婷婷，多么的旖旎多情、

惹人幻想啊。

透过这薄烟，我竟好似看到了“大漠孤烟直”的景象，又好似看到了烟雾散尽后的小桥流水。这影影绰绰的烟幕背后，藏了多少埋在岁月深处的故事和诗意啊！

我看着看着，有些疲累了，恰好时间也将近午后，不如躺下歇歇，午休片刻吧。

窗外光阴缱绻，柳梢光影暗伏，我躺在小山般的凹枕上，很快进入了梦乡。梦里，我又见到了那缕剪不断、理还乱的细烟，细烟后还有一张模糊的人脸。

这人是谁呢？他是什么人呢？他又为何会出现在我的梦中呢？

我想赶走这缕青烟，我想看清他的面目，再跟他说说话，因为闺中生活实在是太无聊了。

我拼命挥手，那缕烟怎么都散不了，反倒是烟后的人脸越来越模糊，最后也化作青烟一缕，顺着香炉飘出，消散在春光中。

我悠悠地自梦中醒转，梦里的悸动还在，醒来的失落猝不及防地涌来，将我的心搅乱，我有些失神，连发髻上佩戴的花钿掉落在枕边都没有发觉。

为了缓解这种空落落的情绪，我略作梳妆，离开了闺房，打算去外面看看。

也许，热闹的春光与游人会缓解我的这种不明来由的空虚吧。

我与侍女去了海边踏春，天高水渺，海平如镜，我的心境

也平静了不少。

我瞧着湛蓝的天空，隐约觉得还缺少些什么，转身问婢女，婢女托着下巴想了半天，惊呼道："啊，是海燕！这时候应该有海燕的。"

对啊，我恍然大悟，这时候，海的半空中应该有黑色的小精灵在低空翱翔啊。

它们为什么没有回来呢？是海风吹乱了风向，是惊涛耽误了行程，抑或是，它们今年不准备回到这旧时的巢穴呢？

我多想它们再回来看看啊，毕竟，这里是那般的美，那般的生机盎然。你看，连小孩子都觉得这里很有趣味，在海边竞采百草、比赛优胜呢。

小孩子们无忧无虑，过得真开心啊，他们"哈哈"的笑声，我是注定不会再有了。旧时一去不复返，成长的忧伤和少女的迷思日日侵袭着我，让我整个人都显得有些迷惘。

我看向江海边的梅树，梅树上的梅子竟然已经脱落了，它们的青春可真短暂，就好像我逝去的年华一样。

唉，何止是我的年华逝去啊，便是那江岸两边的柳树也已经不复初春时的模样了。你看看它们，彼时青黄的嫩芽早已变成了深绿色的狭长叶片，叶片间有大片大片像棉花一样的东西，这是柳树的飘絮。这些柳絮被风一吹，在半空中慢悠悠地荡漾，如梦似幻，像极了天边飘浮的白云。

这抓不住的春光、抓不住的青春啊！就像这明朗的四月天，可真是让人又爱又恨呢！爱她的明朗，恨她的春色不在，惹人忧伤。

在外游玩的兴致突然减了不少，我的情绪又有些低落了，不如回去吧。

婢女听了我的话之后乖巧地取走带来的伞，扶我上了轿子。我将头搭在朱木窗边，瞧着窗外的余晖，想起了来汴京之前的那次醉酒。

那也是在这样一个春日的傍晚呢，可年少时的心境，怎的就不在了呢？

不，我不应该让忧思侵蚀我的心，我的少女天性，她一直在我心中啊！

我这么想着，已经到家了。

掀开轿帘，竟有稀疏的雨点落下，远处的夕阳早已不见了踪影。

这愁人的天气啊，好好的，怎么下起雨来了呢？我的花可怎么办啊？本来就已经过了花期，这雨一下，不是让花更衰败吗？

我不顾侍女的阻拦，焦虑地走向种植花草的地方。

眼前的院子里有烂漫的丛花争春，红的黄的，在雨中生机盎然，恣意怒放，甚至因着雨水的灌溉，花儿看上去更加的水灵了。

即便最美的韶华已经快过去了，可各个时节有各个时节的花，各个年龄有各个年龄的美。所以，年华逝去只是增加了岁月的沉淀，并不会减少生命的乐趣，我又有什么可值得忧伤的呢？

这么一想，我的心境豁然开朗，稀疏的雨点也不再令我烦

恼，反而让我有种身心释放的豁达。

我张开双臂，在雨中旋转；我抬头看天，雨水自湛蓝的天空落下。它们调皮地朝我奔来，落在我的额上、脸上、发上和心上。

这是花季雨季，这是处于成熟与年轻之间的，最好的年纪。

你说是不是呢？我欲转头问侍女，却在瞬间愣住了。

我看到了什么呢？

我啊，看到了雨中的秋千。

那秋千若隐若现地藏在花叶丛中，落花与飘叶被雨水打落下几片几朵，沾在秋千架上，一阵清凉的风吹来，藤蔓带动秋千无人自动，衬着暗自爬上天边的明月。

我该如何形容这种美呢？

我形容不出来。

那，便静静地看着，不说话了吧。

关于这首词的年代，很多人都认为这首诗与前一首差不多，作于1100年前后。对此，陈祖美曾于《李清照简明年表》里也认可。

1100年对于宋朝的朝廷和文坛来说都是颇为重要的一年。这是开启新局面的一年，这是历史开始转折的一年。

这一年，宋哲宗病逝于汴京，给即位的宋徽宗留下了一个烂摊子。而热爱艺术的宋徽宗并不知道除弊革新，而是开始了他任性的艺术生涯，同时也开始了他的败国之旅。这一开始，便正式酿成了历史上最为闻名、最为悲惨的帝王祸事之一——靖康之耻。这一年，苏门四学士之一秦少游累遭贬谪后病逝于滕州，使得“婉约派”大伤元气，失去得意门生的苏轼也于一年后郁郁寡欢地逝去了。二位诗词界宗师级人物的接连逝去，给北宋文坛染上了一抹阴影，也使北宋文坛一时不复往日璨灿。这一年，李清照十六岁，恰是一个女子最为美好的年纪，也是在这一年，李清照逐渐习惯了汴京的生活，结识了很多女性朋友。当然，李清照在这一年也结识了她生命中更为重要的两个人，这两个人可以说是她一辈子的良师益友，也直接对她成为“婉约之宗”起到了关键作用。他们就是苏门四学士中的张耒与晁补之。

张耒便是前文李清照和诗的那个张叔，而晁补之是为李格非写下《有竹堂记》的那个作者。晁补之跟张耒严格说来都是李格非的朋友，但更是李清照的启蒙老师和文友，尤其是晁补之。

晁补之对于李清照来说有多重要呢？李清照的词在中国诗词史上留下了浓墨重彩的一笔，可以说是不屈于苏轼之下，那句“词别是一家”便是直接反驳苏轼的“词自是一家”之论的。李清照的理论明显更被文学界接受，并对后世形成了极大的影响。

这句“词别是一家”出自《词论》,《词论》堪称词学丰碑，对后世的影响甚深。而《词论》的部分理论，便是受了晁补之评词理论观点的影响，但李清照显然要比老师更为大胆，

更加明确，也更加具有理论的深度与广度。典型的例证就是，晁补之“评本朝乐章”就词论词，而李清照却将词与时代、社会联系起来加以研究。具有这种大胆创新的见地，也是李清照能够青出于蓝的根本原因。

同时，晁补之的词作也影响了李清照“易安体”美学风范的形成，晁补之可说是李清照事实上的导师了。

晁补之对李清照的影响并不仅仅是在诗词上，他在宣传李清照上，也算是不遗余力。对此，朱弁曾于《风月堂诗话》里如此直白地留下凭证：“赵明诚妻，李格非女也，善属文，于诗尤工，晁无咎多对士大夫称之。”

文中的晁无咎便是晁补之了。根据朱弁话里的意思，可以推测出，晁补之经常在士大夫面前对李清照赞不绝口，引荐其诗词。所以对于李清照不满弱冠之龄便能以一介闺阁女子身份震惊北宋文坛，晁补之可谓是功不可没的。

由此可以感叹一句，李清照的朋友圈可真是广啊！与她同时代的朱淑真虽然在才学和天赋上都与李清照不相上下，但因为没有良师益友，因此在早期名声以及后期发展上都远远比不上易安。

可见，人脉以及平台的重要性，自古都是一样的。

当然，师傅领进门，修行靠个人，李清照自身的天赋与努力更为重要。李清照可以说是为女性文人的成功开辟了一条光明大道。

待字闺中

小院闲窗春色深，重帘未卷影沉沉。倚楼无语理瑶琴。
远岫出云催薄暮，细风吹雨弄轻阴。梨花欲谢恐难禁。

——《浣溪沙·小院闲窗春色深》

这首词成词时间大约在1097年到1100年，也就是李清照十三岁到十六岁的这段时间。

在这一阶段，李清照对汴京逐渐熟悉起来，不似初来乍到般小心翼翼。熟悉之后，她的创作欲望更是大涨，看到什么都想赋词一首，这首《浣溪沙·小院闲窗春色深》便是和唐人韩偓之作。

和韩偓所著《浣溪沙》的人颇多，尤以宋代为盛，比如苏轼、晏殊、秦观等，其中，光苏轼一人就作下五首。在这一系列《浣溪沙》中，晏殊的“无可奈何花落去”，苏轼的“蔌

蔌衣巾落枣花”，甚至于后来人纳兰性德的那句“断肠声里忆平生”都异常出名，反倒是李清照的没那么有名。

这怕是易安在与各大文豪的交手中难得失手的几次。

就笔者个人而言，更喜欢李清照的这几首《浣溪沙》。如果说晏殊、苏轼都是靠“景”动人，而纳兰性德是靠“情”动人，那么，李清照怕是要靠“人”动人了。

为什么这么说呢？因为笔者发现，李清照的这四首《浣溪沙》里都有一个女子的聘婷身形，有时是月下思念心上人的“一面风情深有韵”，有时是等待情郎的“醒时空对烛花红”，有时又成了舞姿优美的“红锦地衣随步皱”，又有时，便是本词中惜春伤春的“倚楼无语理瑶琴”。

每一种“她”都不一样，处在人生中不同的阶段，做着不一样的事，怀着不一样的情。但再细细读来，每一种“她”又都是一样的，一样的细腻，一样的温婉。

这里的每一个“她”，其实都是李清照啊。

胡适说过，李清照是个敢写自己的人，也正是因为她的真实，她的很多诗词才那么的动人。你读那些诗词，就好像真的看着一个挑着灯笼的仕女，从书中款款走来，同你赏春花秋月，同你聊战国春秋，同你品茗茶香薰。

你读这些诗词，就能够读透她的一生，从豆蔻年华到垂垂暮年，每首诗词里的她都是一座孤零零的岛，而文字，永不老。

这是属于李清照的诚意，这点诚意，从她十四岁落笔开始，直到她生命的尽头，从未变过。在她笔下，文字就只是

文字，是记录心情的一种载体，非如鱼玄机般为求爱，非似杜荀鹤般为求仕，只是为了表达一个真实的她，仅此而已。

也许，这就叫不忘初心吧。

这是一首伤春词，整阙词写了女词人在闺房中的所见所闻，落笔点极其简单。境界与高度虽然不如动辄山高水远的男性词人那般高旷，却胜在精辟地剖析了深邃幽眇的女性内心世界，因而显得动人。

李清照这个时候应该处于待字闺中的年纪，李格非想来并不太允许少女时期的她到处游玩，李清照的生活一下子静了下来，便显得很是无聊。而她又是个闲不住的人，喜好饮酒作诗、结交朋友，对于父亲近乎禁足的行为深感无奈，整个人郁郁寡欢，投射到本词中便使得整首词的格调有些低落。

那一天，她可能午睡刚醒，梦到了少年时的玩伴，想到了一起饮酒、作乐、猜诗、掷筛的场景，可睁开眼，只有窗帷垂落在地静静地陪着她。

房内光线昏暗，一丝风都透不进来，她睁眼在床上躺了一会儿，梦中的景致又在脑海中闪过，而后，她幽幽叹了口气，自床头坐起。她安静地坐着，好像整个世界只有她自己，她在黑暗中抬手理了理鬓角的发，整了整凌乱的衣裳。

她在想什么呢？或许是自己存在的意义吧。总归是有十六岁了，她的这一生，脑中千山万壑，可双手却无缚鸡之力，她想朝廷想万千世界。对于她这种女子而言，志向颇高是否其

实是一件了无意义的事呢？

越想越觉得愁闷，罢了，还是放放吧。东坡先生不是说了吗？“惟江上之清风，与山间之明月，耳得之而为声，目遇之而成色，取之无禁，用之不竭，是造物者之无尽藏也，而吾与子之所共适。”

即便我们心中郁悒，即便张开双手空空如也，可江上的清风，山间的明月，能看到，能听到，无穷无尽，尽归我有。

她没有山，也没有江，只有卷起窗帷后，那静静的小院是真正属于她的。可那也够了，心有天下，又怎会受困于陋室小屋？

她推开雕花的木窗，看到了郁郁葱葱的叶，却难见娇艳欲滴的花。原来，春色已深，早非繁花烂漫的时节了。

词中“春色深”一作“春已深”。笔者更倾向于“色”，因为这是形容色彩的词，比副词“已”多了种斑斓的色彩，更符合李清照的审美趣味。

接下来她有些意兴阑珊，不再看窗外的景色，而是将眼光移到了室内。

房内光线阴暗，厚重的门帘没有卷起来，而是层层地垂下，更显得闺房内幽暗深邃，光影交错。

这有梳妆台的倒影，有窗沿的剪影，而会动的影子，就只有她一个。

如此这般，更显寂寥。

“沉沉”一词出自五代·孙光宪的《河渎神》“小殿沉沉清

夜，银灯飘落香池”，从此，便成了形容室内昏暗的专用词语，颇为形象。

这房间太过幽静昏暗，不见生动鲜活，女词人想到了床头的古琴。此时，奏一曲古琴想来会使屋内的气息流动起来吧，气息灵动了，自己的心情会否好上很多呢？

她如此想，也如此做了。

莲步轻移到古琴边，只看上一眼便发现自己压根没有奏琴的心绪。

罢了罢了，还是倚靠在楼边，待心境好上些许再弹上一曲吧。

这里的“倚楼无语理瑶琴”很是耳熟，仔细一想便会发现，很多人写过类似的句子。从毛熙震的“倚栏无语摇轻扇”到冯延巳的“泪眼倚楼频独语”，处处都是倚楼，但《后庭花》中的少女轻松明快，《蝶恋花》中的女友凄楚迷离，而李清照笔下的少女则是愁苦郁结的。

愁什么呢？我们不得而知。也许是对长大的彷徨、对未来的迷茫吧。

许是室内狭小让她更增了几分压抑，她再次将眼光移到了室外。

世间的一切都不过如此，我们总归要有苦中作乐的心态和一双发现美的眼睛的，也只有这样，才能将平凡的日子过得趣味横生。

远处是青山连绵，云雾萦绕山间，落日好似是被逼到了天

边。不知道这山与陶渊明笔下的“南山”有何区别呢，不知道这薄暮与韩淲的“斜日清霜山薄暮。行到桥东，林竹疑无路”又有什么不同呢？

她的思绪飘摇着，回到了书中，回到了古代，回到了万万千千个大世界。

她感受着独属夜晚的微风从山林间隙中吹来，轻拂她的肌肤，穿过她的发梢。剔透晶莹的雨滴逐渐细细密密。风吹乱了细雨，缠绵氤氲，好似也搅乱了光阴。

是啊，时间就这么一点一点地流逝了，从和煦的晚风中、日薄的西山下。

过去留不住，未来看不清，而人能把握的，就只有当下了。

院子里的梨花昂首招摇，好似在安抚她一般。这莹白的花儿啊，连你也要凋谢了，你这羸弱的身姿，又如何去承载这风雨的侵袭呢？

既然青春留不住，如何不会使人愁。

爱美的北宋人

李清照的诗词有两个分界点：第一个分界点是十八岁，认识赵明诚之时；第二个分界点是四十五岁，1129 年，南渡乌江之时，战争爆发。这两个分界点将她的人生一分为三：第一阶段，她是闺中少女；第二阶段，她是柔情少妇；而第三阶段，她是个失去故土的爱国词人。

两个分界点有两首诗词为证，第一首是下一篇文章要分析的《如梦令·昨夜雨疏风骤》，第二首是《夏日绝句》。

一个人往往不是突然产生变化的，比如，陶渊明想种豆南山，绝不是放着好好的官不做，突然就想挑着担子回去卖红薯了；再如，李叔同肯定不会是突然就想到要去当和尚，而是由早期的花花公子到经历国仇家恨，再到最后看淡世事，才遁入空门的。

凡事都有个循序渐进的过程。而今日要分析的这首《浣溪

沙·闺情》，便反映了李清照由少女到少妇过渡的中间阶段，也为下一篇文章——《如梦令·昨夜雨疏风骤》作铺垫。

绣面芙蓉一笑开。斜飞宝鸭衬香腮。眼波才动被人猜。

一面风情深有韵，半笺娇恨寄幽怀。月移花影约重来。

这首词的确切年份不可考，但可以肯定的是，写于李清照的少女时代。

这个时代她有着女孩的天真，也有女人的娇羞，有天真烂漫的感情，也有对于爱情的向往和迷茫。

十六岁那年，她是不想长大的青葱少女，十八岁那年，她是“却把青梅嗅”的少妇，而十七岁这一年，她介于少女与少妇之间，既迷茫又忧伤，既期待又彷徨。我们称之为，小女子。

一说到小女子，就会联想到很多美好的词，比如“云想衣裳花想容”“媚眼随羞合”“清水出芙蓉”等，女子不仅是美丽的，同时也是爱美丽的，一点儿胭脂、一袭轻纱，无一不展示着女子的美与爱美。

这首词，便形象生动地写出了女子对于美的向往。

接下来，让我们细细分析开来吧。

你说爱情是什么？

我向来对这个表示疑惑，毕竟，我才十七啊，没有遇见过

什么人，没有经历过什么事，我只在书里读过《孔雀东南飞》，我只在传说里听过“孟姜女哭长城”，我并没有亲身经历过这种东西。而最近，我好像对于人间的情爱尤其好奇，我为何会如此呢？

我仔细观察过很多人，有我相敬如宾的爹娘，有夕阳下携手走远的一对老人，也有眼前那个娇俏的二九女子。

这个女子可真好看，明明比我大不了多少，眉间眼梢却都是我没有的风情韵味。这种风韵，到底是怎样渐染上的呢？是她额上的花饰吗？

这花饰是绣成的，她将它们贴在额上以及脸颊上，她那白皙的脸颊配上纹饰花样，远远看过去好像静止的神女雕像般冷艳娇俏。可待她一笑开，红颜点漾，鲜活的气韵顷刻柔化了可远观不可亵玩的冷艳，那模样可真是比迎风绽放的芙蓉花都要美上几分。

我不禁看呆了。

女子许是察觉到我在看着她，抬头瞧了我一眼。她眼中波光流连，含情脉脉，我突然醒悟，她这是在等待自己的情郎吗？

对啊，我刚才怎么没猜出来呢，她这副模样，定是在等自己的情郎无疑了。你看她两颊上所贴的鸭形图案，那可是敦煌壁画上的绘画，极其隆重。正常情况下，谁又会贴上这么繁杂的花饰呢？除非，除非是“女为悦己者容”。

这宝鸭花饰衬着她美丽芳香的脸颊，她看见我注意到她，

有些拘谨，一抹娇羞爬上她的面颊，眼中波光盈盈，不知道在想些什么。

我猜，她也许是在想："这个女孩子是不是猜出了我在等他呢？要是被猜到了，那该多羞人啊。还有，他，会不会也想到我，来看我呢？他要是不来看我，我该怎么办呢？"

女子许是想了很多，她整个脸上皆浮现着男女之间的爱慕之情，这使得她整个人都有着一股特有的少女风韵。

这便是爱情吗？

我陷入了沉思，竟有一样东西能够让女孩子这般的娇俏美艳，可真是神奇啊。

我又看向眼前的女子，她已经低下了头，把玩起手上的信笺了。我瞄了一眼信笺，那是唐代才女薛涛所创的桃花笺，笺上浅染着微微的桃红色，方正小楷的娟秀字体，不用细看，我便能猜出，这是《诗经》里讲述女子对心上人爱慕之情的情诗。

哦，原来她不是在等自己的情郎，而是在想念自己的情郎啊。

她早已没再注意我这个路人了，而是陷入自己的思绪，我蹑手蹑脚地靠近她，只听她暗自低语。

她说："我如此喜欢你，但你总也不来看我，唉，既然如此，那我只好以书寄怀了。我该在信上写什么呢？"她仰首蹙眉，似在沉思着什么，忽然，她的眼里亮光一闪，好似有好计策涌上心头，她说："嗯，我就写，这里明月上移，花影摇

动，景色美好得不能再美好了，可千万不能错过。公子啊公子，不如，我们一起来此地幽会吧！”

全词生动形象，描写出了北宋女子娇俏可爱的一面，也写出了女子对于爱情的大胆奔放。当然，全诗尤其给读者留下鲜明印象的，必是北宋女子明艳夺目的“绣面芙蓉”和“斜飞宝鸭”了。

北宋的女孩子，可真是爱美啊。就算是我们现在的女子，与她们的隆重精致比起来，怕也是要自惭形秽的吧。

可事实上，北宋不止女孩子爱美，男人同样爱美。男人爱美到什么程度呢？爱美到爱花如命，一言不合便将花插在头上。你穿越去别的年代赶集，看到的也许是乌压压的脑袋，可你穿越去北宋赶集，一抬头，看到的必然是满目的鲜花。这场景想必是极其壮观的。

北宋男子爱戴花，这其实并不是多么奇怪的事情，反而是个让人伤心的悲剧。为什么说这是一个悲剧呢？我们先从另一个朝代谈开来吧。

在几百年之后，江山数度更迭，出现了一个乞丐建立的王朝，这个王朝就是大名鼎鼎的明朝。

明朝建立之初异常节俭，明太祖朱元璋这位出生农家，又当过游方僧人的帝王甚至在灾荒之年还曾与后妃一起食用粗茶淡饭，穿衣装扮也非常简朴，一身宫装便能穿好些年。这般简朴的王朝，别说男人了，怕是连女人都不曾过多地费心思

去装扮自己吧。一身青布棉袄，一件银钗宝黛，怕就是最美的装饰了。可到了明朝后期，人们的生活状态便大有不同了。

到了晚明的时候，不止是士大夫崇尚奢侈，连普通人也是奢侈成风，最典型的特征就是爱打扮。包括早已白发苍苍的老头，都极其爱打扮。据说明朝人的服饰极其追求华美，凡衣必用绮纨制成，如果有人不这样，还穿着袍，就会被市人嘲笑羞辱。

也就是说，一个朝代越往后发展，就越容易忘记先辈立业的艰辛，越是在乎穿衣打扮，而一个朝代越在乎穿衣打扮，越说明奢靡成性，其实就离毁灭不远了。大明最终被李自成的铁蹄踏破王城，覆了国便是这个道理最好的印证。

说完明朝，再说回北宋。李清照所处的时代正好是北宋的末期。

北宋末期有两大特色，一是朋党之争日趋白热化，二是民间爱美之风盛行。这个盛行是怎么个盛行法呢？“白发戴花君莫笑，六幺催拍盏频传。”此句出自李清照的前辈——欧阳修的《浣溪沙·堤上游人逐画船》，意思大概是：你可别笑话我白发苍苍还戴着花，我随着婉转动听的《六幺》频频推杯换盏，人生好不欢乐啊。

很多人都以此为证，来标榜欧阳修的放荡不羁爱自由，可事实上，北宋的男子本就爱戴花，欧阳修只是呈现出了当时普遍的生活状态。

宋代流行一个“四相簪花”的典故，在里面，连王安石的

头上也是插花的。

《宋志》记载，当时君王要根据官位高低给朝廷百官赐簪花：罗花最为高贵，只有宰相级别的官员可以获得；其次为栾枝，赐给卿监以上宰相以下的官员；再次为绢花，主要赐给将校级别之下的官员。有了贵族王族作为榜样，民间的普通百姓自是将佩戴簪花当成了风俗。

可这样的现象正常吗?

男儿当以家国为业，却每天都喜涂脂抹粉，甚至连正经事都能忽略。结合明朝，再看北宋，所以，这必然不是一个好现象。

除了梳妆打扮之外，此词之中还有另一个现象，能从分毫之中窥得几分北宋的现状。

这便是女子对于爱情的态度。

本词中的少女对待爱情羞怯中不乏大胆，因为男子不来看望她，不回应她的热情，便干脆用书信寄情，约男子来个月下幽会。在封建社会，这样的行为非常大胆。

有人会说唐朝的女子地位很高，但那也只是明面上的，那是一种社会风气。李清照笔下的北宋女子对待爱情的大胆态度，归根结底是一种礼仪崩坏的后果。

纵观整个历史，魏晋南北朝、北宋、民国这三个时期有一个很大的特征，那便是国家四分五裂，内忧外患。正是这种内忧外患，才导致礼仪崩坏，国家从上到下失去了掌控力，

国家的威严不再，作为个人的本性才被更好地得以释放。这一释放的直接表现是女性对待爱情直接而大胆，文化因失去管制而百花共齐放。

《诗经》收集了自西周初年至春秋中叶500多年的诗歌共305篇。那个时代实行分封制，群雄割据，王权看似有绝对的权威，实则早已衰落。诸侯各自为政，民间风气开放，女追男盛行。比如那句广为人知的“风雨如晦，鸡鸣不已。既见君子，云胡不喜”。再如生僻一点的“招招舟子，人涉卬否。人涉卬否，卬须我友”。

如果这都不算什么，只是表达了女子对于爱情，对于情郎的一种迫切想念，那接下来的一句，绝对是够石破天惊的。

郑风苑奇石上刻着一首《遵大路》，也被收录在《诗经》里，全文如下：“遵大路兮，掺执子之祛兮。无我恶兮，不寁故也！遵大路兮，掺执子之手兮。无我䰰兮，不寁好也！”

什么意思呢？翻译过来其实就简单粗暴的一句话：“执子之手，将子拖走。”

够彪悍吧？绝对彪悍！这可是封建社会啊！在其时代，不行时代之事，这便是一种出格，而这种出格必然不是好的预兆。北宋的“男人女人化，女人野人化”也是此理。

说白了，这种奔放只是回光返照，是大破之前的不正常狂欢。在经历史上最让人哀痛的“靖康之耻”之后，礼仪重塑，程朱理学开始大肆推行，而男人，再度成了“金戈铁马，气吞万里如虎”的糙汉子，走上仕途，报效国家的志气代替了爱美奢靡之心。

真正的悲剧以及这场狂欢的代价，才正式开始。

综上，这不仅是李清照从少女到少妇的过渡词，还是一首在不经意间透露出国家衰败之蛛丝马迹的“史诗”。

好了，十八岁来了，让我们一句低吟，一首短词，一举震撼整个北宋的时空吧。

名动京师的绿肥红瘦

唐朝才女薛涛，自制桃红色小笺来赋诗，再将这花笺顺水而下，漂逐到有心人的心上。这诗笺由女子最美的梦幻化而成，载着多少文人骚客的旖旎情愫，逐着长河之水，颤颤巍巍淙了几千年。

而李清照生就一双善于发掘美的慧眼，因此，总能在遍赏几多赏心乐事之后产生更多的感伤。

闺阁女子，尤其是像李清照这般的官宦女子，她们的生活总是闲适又逍遥，整日不是饮酒便是读书，作词《如梦令·昨夜雨疏风骤》：

昨夜雨疏风骤，浓睡不消残酒。
试问卷帘人，却道海棠依旧。
知否？知否？应是绿肥红瘦。

你看，每逢下雨刮风时节，为了不让自己看到残红零落的模样，她宁愿一醉方休。而这一醉，便醉出了那句著名的“绿肥红瘦”。

那是一个清晨，醉酒醒来的少女没来得及梳妆打扮，便想起了昨夜稀疏的雨点和急猛的风。

犹记昨夜，一颗颗豆大的雨点砸在园中。这雨点使她看了好不心慌，她担忧地推开朱木窗，伸出纤纤玉手，感受这雨点的力度，果然不出她所料，雨点落处如被珠玉敲击，留下隐隐的痛和微微的红。

这可如何是好？

李清照瞧了眼院落中娇嫩欲滴、初放的海棠，不由得忧从心起。

“这红艳艳的花儿啊，你如此娇嫩，又怎耐得住风雨？而我，又该如何去帮助你呢？如何保你风雨不侵，留得美常在？我，也是没有办法的啊……”

她抬头看这自上而下的雨滴，一阵狂风忽起，刮得木窗庭廊“呼呼”作响，雨滴一时被吹乱了方向，弄湿了她的绫罗衣裳。

侍女见状，着急地过来关窗，忽视了小姐脸上愈发浓重的担忧。

这雨点便够让她担心的了，现下居然又起了大风。风过处，黄叶凋零，江波不静；风过处，残红飘飞，心绪不宁。这

不懂得怜香惜玉的狂风暴雨哦，你们可让我墙院内那新开的花儿如何是好呢？

会否叶飘，会否花飞，会否海棠零落成灰？

词人不愿去想，也不敢去看，她的担忧酝酿到最后皆成了那入肚的消愁之物。于是，她匆匆地关了那窗，对着室内忽明忽暗的烛火一杯杯地饮酒。酒入愁肠愁更愁，一盏忘忧，一盏又添了新愁，她隔着西窗，共着东风，在对海棠的担忧中进入了梦乡。

梦中，想必有着大片的红花怒放，也不知会否有着那么一位与红花相映着的白衣少年郎。

可是，如此怜花的她怎会忘了那红呢？因此，清晨一醒来，她便迫不及待地问窗边的侍女。

她小心翼翼地问道："海棠还好吗？"

侍女也不知是粗心还是怕小姐伤心，敷衍道："海棠还跟昨天一样好呢。"

接下来的"知否？知否"，她或许是懊恼地半撑在床上，拍着被褥说出口的。

彼时的李清照因侍女的敷衍急迫地想知道海棠花的现状，又因侍女不理解她的心思而心生一丝懊恼，因此，连用了两个"知否"，还一并用了问号来加强语气。

这一运用形象鲜明，宛如惜花人便在眼前，实为佳句。但本小令绝佳的却也并不是这句，而是后一句的"绿肥红瘦"。

粗心的人哦，你可知道，海棠那般娇嫩的花儿在经历了

一夜的风雨摧残后又怎么可能会依旧呢，它们应该是绿叶肥，红花瘦啊。

肥为多，瘦为少。这一形容既写出了花落的现状，也一并带出了经过一夜的雨水灌溉之后，叶儿茂盛的状态。这“肥”与“瘦”为拟人化的用法，将花、叶拟作人，用人体肥瘦作比，生动地描摹出了花与叶的姿态，也更深一步地表达出词人对于花的尊重和怜悯。

整首词色彩斑斓，写法灵活，层层转折，步步深入，将惜花之情表达得丰富充盈。因此，此词一出，便使得年方十八的李清照名动京师。

“绿肥红瘦”，这一令人惊艳的形容，使得当时及后世的诸多名士都对此赞不绝口。

这惊艳的人中，有二十一岁的太学生赵明诚。

赵明诚是赵挺之的儿子，而赵挺之是宋徽宗崇宁年间的宰相，家世不可谓不显赫。但赵明诚从无一般官家子的浪荡不羁，一不爱流连烟花之地，二不喜喝酒赌博玩游戏。他在入仕之前是一名太学生，唯一的喜好便是收藏古代石刻。

史载，赵明诚藏书极富，有阅尽天下古文奇字之志，他曾如此自谓：“余自少小喜从当世学士大夫访问前代金石刻词。”就是说，他从小就喜欢收藏金石，并且一收藏就收藏了一辈子，还留下诸多典籍。我以为，能将兴趣爱好发展成副业，并且名垂千古，也算是奇人了。当然，赵明诚最奇的地方不仅

在金石上，更在追求李清照上。

据说，赵明诚自从读了李清照的这句“绿肥红瘦”后便对这位名动京师的奇女子多加了几分注意，但只是一直神交，并未得更多机缘相遇。后来，他借机结识了李清照的一位兄长——李迥。

既然找到了月老留下的那根红丝带，那不如他再主动点，顺着这红丝带一路往前吧！

于是，赵明诚便总是撺掇李迥一道出去游玩，李迥不以为意，便答应了赵明诚的邀请。虽然出去游玩了，但佳人还是一直没有见着。因为彼时身处汴京、早已成年，又受父亲看管的李清照要想再来一次“溪中争渡”是不可能的。

赵明诚想必数次于“有竹堂”外流连过，并瞧着那丛竹叶黄了又落许久，但终究无缘得见。也不知二人有没有过一次隔空的赋诗，也不知这一赋诗的共鸣有没有让李清照感触到院外的一抹痴情。

他即便是失意，也从未放弃，而是继续寻找机缘。终于，机缘在元宵节那天来到了。

元宵节是传统社会中一个浪漫而热闹的节日，许多古时候的青年男女实际上就是把元宵节当成“情人节”来过的。传统社会里，未出阁的女孩子是不允许外出活动的，只有在元宵节那天有机会出来。对此，唐朝有名唤陈嘉言的诗人曾作《上元夜》做了鲜明的描述，诗云：“连手窥潘掾，分头看洛神。”这里，便透露了很多青年男女借着赏花灯的机缘为自己物色对象的事，更有甚者，有些看对眼的情侣干脆就冒险幽会或者私奔了。

有着别样心思的赵明诚算准了这一点，便约了李迥外出游玩，李迥自然料到好友的心事，便一道带了自家早已被憋坏的妹妹出来。

那一晚，河岸的花灯若隐若现，对面的人影婷婷娉娉，他呆呆地看着她在花灯前巧笑倩兮的如花模样，手间的汗液浸湿了袖口。他以为他可以坦然地猜出她面前灯笼上的那个谜语，而后引起她的注意。可事实上，他蠢得像个没见过世面的毛头小子，在她面前，他什么话都说不出来。

这次回去之后的赵明诚便害了相思病，整日郁郁寡欢，其父赵挺之又不愿贸然替这三儿子去求亲，便硬着头皮与赵明诚想了个法子。

法子是这样的，说是赵明诚午睡做梦，梦中读了一本书，醒来只记得三句："言与司合，安上已脱，芝芙草拔。"（伊世珍《嫏嬛记》）

"言与司合"是"词"字，"安上已脱"是"女"字，"芝芙草拔"是"之夫"二字，连起来便是"词女之夫"。

名动整个京城的"词女"，除了"自少年便有诗名，才力华赡，逼近前辈"（王灼《碧鸡漫志》）的李清照，还有谁能担此盛名呢？所以，这一说法很快便广为流传，众人以为这赵明诚跟李清照是天作之合。

这法子着实是妙，纵观五千年来的求爱事迹，无出其右。

好在何处呢？一来，巧妙地引起了李清照的注意。如若李清照不知这是计谋，那么，她便会半是好奇半含羞地留下“他是我命中注定的”这样先入为主的印象，一旦有了印象，再抹去便不大容易了；如若李清照知晓这是赵明诚的套路，也不会有任何的反感之意，聪慧如她，只会因他的诚意和聪慧更对他青睐有加。二来，这一说法广为流传，自然会让众多对李清照有非分之想的官宦子弟退避三舍，所谓人言可畏，赵明诚是“词女之夫”的说法一深入人心，还有谁会去落人口实留下个坏人姻缘的印象呢？无形中，这赵明诚便将一众暗中的对手给扼杀在萌芽状态了，简直是不战而屈人之兵，妙哉！

当然，以上逸事早已年久不可考，有根据野史传言进行艺术加工的成分在，但赵明诚“词女之夫”的名声是彻底响了，李清照这醉花阴的小女子至此除了满目的落红和鸥鹭，又更多了这个天注定的少年郎。因此才有了他们的第一次会面，有了那句最美的初恋之词：“倚门回首，却把青梅嗅。”

美好的初恋之词

很多人都说，赵明诚之所以绞尽脑汁地去追求一个甚至还没见过面的女子是因为赵明诚的父亲赵挺之要巴结李清照的父亲李格非。

话说，彼时的赵明诚之父赵挺之是当朝吏部侍郎，官居三品。赵挺之因政治才能出众，为地方官时政绩突出，官职升迁更是迅速，前途一片光明。而李清照之父李格非呢？李格非此时才官居六品，在朝廷担任礼部员外郎，提点京东行狱。俗话说，官大一级压死人，这可是足足大了三级。更何况，彼时的北宋，党朋之争日趋白热化，赵挺之是蔡京的人，而李格非则被认为是苏轼那一派的，两家政见相左，走得太近反而会引起自己党派人士的不满，将自己置于里外不是人的境地。如此说来，理应疏离才是，怎么会结姻亲以求攀附？这种猜测，几乎是不可能的。

还有人说，是因为李清照名声太大，与李清照结为姻亲会提高赵家的知名度。

对于此，笔者只有一个想法：这位兄台怕是搞错了古今。

因为古代女子地位低下，“千古第一才女”李清照在古代文人笔下只是一带而过。即便到了清末，王国维都不肯在《人间词话》中给她留下一言半语，原因无他，只因为她是女子，是父权社会的附属。

所以，赵明诚追求李清照完全是因为“爱”。

赵明诚“爱才”大过“爱人”，换句话说，赵明诚对李清照的“爱”是敬佩她才华后的“爱屋及乌”。

比如那个颇为著名的“五十首不敌三句”的逸闻，他没有首先感动于妻子的“人比黄花瘦”，第一反应是要写出比其更好的佳句。这其实更含着一种文人的相轻和竞争意思在里面。

不过，从这一点我们倒是可以看出，赵明诚是个实打实的文艺青年。

赵明诚诚然是个优秀的人，不然也不会让李清照一见之下便“寤寐思服”了。论相貌，能让博学多才的易安居士“和羞走”；论文采，能跟“千古第一才女”一较高下；论个人魅力，能影响李清照一辈子投身于金石学事业的研究和保护上来……又如何不是个同样优秀的灵魂呢？

好了，接下来，让我们通过《点绛唇·蹴罢秋千》这首词，欣赏易安那惊鸿一瞥。

蹴罢秋千，起来慵整纤纤手。露浓花瘦，薄汗轻衣透。
见客入来，袜刬金钗溜。和羞走，倚门回首，却把青梅嗅。

这是一个精致的小庭院，庭院里有初开的海棠花，有郁郁葱葱的藤蔓，还有小巧秀美的、隐藏在树丛中的秋千。

秋千上坐着的是刚刚名动京师的易安。

她的鞋子放在秋千下，只着缕袜的纤细脚踝裸露在清甜的空气中，在红花的映衬下，白皙耀眼，美好得不似人间之物。她随着秋千有一下没一下地晃动着，也不知道在想些什么。

秋千的晃动幅度渐渐减小，她百无聊赖地将头靠在握着藤蔓的纤纤细手上。只见那手白皙柔软，美好得让人觉得《诗经》里的“手如柔荑，肤如凝脂”也不过如此。

此处，“纤纤手”出自《古诗十九首》里的“娥娥红粉妆，纤纤出素手。”借以形容双手的细嫩柔美，同时也点出女词人的年纪和身份。

她紧蹙眉头，一会儿祈盼，一会儿娇羞，一会儿又浅笑，她想到什么了呢？是在想念自己的心上人吗？那，她的心上人会是那个广为流传的“词女之夫”吗？

她或许是觉得腻味了，又或者是想起了别的事，准备从秋千架上起身。这一轻柔的动作带起一阵细微的风，惹得她的裙裾与落花一起飞扬。

她丝毫不知道，自己的一举一动已然令这一树的花鸟惊艳。她只是想着属于少女的隐秘心事，甚至连细嫩的手掌都忘

了去搓一下。那上面想必有藤蔓的印迹吧，也不知道疼不疼，什么时候才会消散呢？

浓重的露珠挂在细瘦的花枝上，她不禁担心花枝会断。

她身上涔涔的香汗，渗透了她薄薄的罗衣，显出了她细长的身形。怎地会出这一身汗呢？是因为荡秋千，还是因为她心中忐忑呢？

就在这时，庭院的朱红大门被人推开了，她下意识地看过去，一眼就愣住了。

这是一个非常俊逸的年轻男子，修长的眉形，灼灼的双眼，还有一副高挑的身材。她好像在哪里见过他，是在那一年的花灯绰影下，还是在庭院外的惊鸿一瞥中，抑或是在她的梦中呢？

男子的目光应声而来，她猛然间反应过来了，千万不能让他看到自己这副落魄狼狈相啊。她早上因为心不在焉，没有将秀发挽紧，现在一慌乱，连金钗都滑落下来了，更别说，她还光着脚呢。

这，这可如何是好？

她暗自跺脚，别无他法，只能提起裙角，含羞地跑开了。

有风过耳，有花香过鼻，还有男子一抹身影渐远。突然，她产生了一种患得患失的感觉，她有些舍不得这个男子，她还想再看一眼他。

门边有一株青梅，遂了她的心愿，此处不正是一个藏人的好地方吗？

她停下脚步，将半个身子隐在门后，抬起头来，朝男子的方向看去。男子的视线依旧在尾随着她，她有些慌乱，他要是觉得自己不矜持可如何是好。

眼前的青梅散发出幽幽的冷香，这香沁人心脾，她慌乱的内心霎时安静下来，脑中灵光一闪，一个绝妙的计策浮上心头。

她抚着花枝，半隐在花后，佯装在细细嗅着那青梅，实则将陌生来客又看了个透彻。

这首词非常鲜明生动地描写了少女初恋的情态，原词许是韩偓的《偶见》，描写的情景虽与其一致，笔触、视角却不尽相同。相较于韩偓，易安的着笔更显高明，无怪乎世人以一句“长江后浪推前浪”作结。

关于此词，很多人认为可能并非出自易安之手，因为这首词描写的内容太过大胆，不似寻常人家之女所写。比如唐圭璋就曾在《读李清照词札记》里明确写道：明杨慎《词林万选》卷四，误收李清照一首《点绛唇》词云（略）。据《花草粹编》卷一收此词乃无名氏作，非清照词……且清照名门闺秀，少有诗名，亦不致不穿鞋而着袜行走。含羞迎笑，倚门回首，颇似市井妇女之行径，不类清照之为人，无名氏演韩偓诗，当有可能。

这里就说，这首词早先是被收录在杨慎的词集里的，后来又有人将其定为“无名氏”作，所作目的是模仿韩偓的那首

《偶见》。

模仿韩偓的《偶见》这一点，笔者不怀疑，因为这两首词都是写女子在庭院里荡秋千累了想回去休息，偏偏在这时一个陌生的男子来家做客，出于害羞连忙回避的事。可是，韩偓明显就是诗中那个来做客的陌生男子，而本词的作者，则是那个小鹿乱撞的女子。

个人倾向于认为，它就是出于易安之手。因为赏诗如赏人，一位美人，她的装扮会变，甚至她的容颜也会变，但独属她个人的气质以及习惯却是改变不了的。而在这首词里，你可以看到很多独属易安的风骨以及习惯。

首先，“瘦”这个词是易安常用的一个形容词，她甚至因为喜欢以“瘦”来形容花容人貌得了一个“李三瘦”的外号，最为知名的三个“瘦”当要数“新来瘦”“绿肥红瘦”“人比黄花瘦”，这一系列“瘦”字怜花亦自怜，营造出了一种独特的氛围，给人以不同凡响的体验。此外还有《殢人娇·后庭梅花开有感》中的“玉瘦香浓”等，此时，“瘦”再也不只是一个形容词，而成了一种易安词的独特气质和风骨。

当然，瘦的可不仅仅是花，除了花瘦，鸟也瘦，人也瘦，比如在为晁补之祝寿而写的那篇《新荷叶·薄露初零》中，“鹤瘦松青，精神与秋月争明”便写了“鸟瘦”，以“鸟瘦”隐喻“人寿”，不失为一个绝妙的祝寿好词。你看，连谐音都派上用场了，李清照这是多喜欢“瘦”啊。而《多丽·咏白菊》里的“秋渐阑，雪清玉瘦，向人无限依依”便跟“人比黄花瘦”一样，指代身材纤细的窈窕淑女，这也是她较为常用的写法。

总之，可以看出，李清照尤爱用“瘦”这个字，且喜欢以“花瘦”喻“人思”。而当时乃至后世的才女，却没有几个有此嗜好的。因此，这是一个明证。

其次，爱荡秋千。这个我们在前面有过详细的探讨，当时虽然爱荡秋千已经成了北宋官宦女子最主要的游戏，但将其发扬光大的还是传唱度极高的诗词。而根据李清照的诗词里透露出的生活状态，她几乎是离不开小院内的那架秋千。因此，爱秋千，写秋千，让秋千随时出现在生活角落，这个除了李清照怕是也找不出几人了吧。

并且，本词虽写“荡秋千”，却并未着重描写荡秋千的过程，而是剪取了“蹴罢秋千”以后一刹那间的镜头。这时候，少女于秋千上罗衣轻扬的动作已经停止了，但清风中晃动的藤架秋千，以及少女飞奔而走的一抹倩影却依旧留在读者的脑海中，好似一道留白的剪影，余韵悠长，惹人回味……这种描写方式熟悉吗？对，李清照的那首《如梦令·常记溪亭日暮》也是这种写法。在那首词里，她并没有着笔于聚会的欢乐，而是用“兴尽晚归舟”一带而过，选取了聚会结束的一瞬，以此来达到一种“戛然而止”的韵味。

最后，也是最重要的一点，气质上的相似。

李清照大胆，这个是北宋乃至今天所有人一致公认的一件事。她的大胆是一种聪明到极致的睿智，这种睿智源于通读

典籍、博览古今的见多识广上。因为见多识广，所以她能够看清很多事情，包括宇宙无极，包括人生规律，对于眼前的庸人俗世难免有些不屑一顾。她有些像“花生米与豆腐干同嚼有火腿味”的金圣叹，又有点儿像一辈子都无甚波澜的杨广，因为太聪明了，所以藐视一切规则，也凌驾于世俗规则之上，什么世俗规则都别想束缚住他们。在他们眼里，制定世俗规则的人也不过如此，自然不屑于遵守这些。他们这种不为人所愚的人在众人眼里也自然是离经叛道、无法理解的。

所以，在“倚门回首”这种词多半被用来形容“倚门卖笑”的妓女的封建时代，除了李清照又有谁敢用这个词，去写自己的春心萌动呢？

综上所述，此词必出自易安。

之所以存疑，可能正是因为比较大胆，而李清照又名声在外，影响甚广，因此，不为当时“卫道夫们”所容，给刻意抹灭了踪迹吧。

不过，好词终究是好词，一时的踪迹能抹掉，但岁月忘不掉，人心忘不掉。

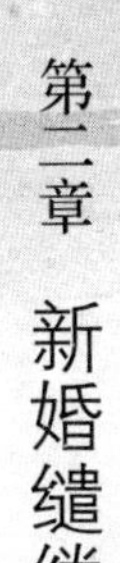

第二章　新婚缱绻

这世间最惑人的是爱情。

这世间最伤人的还是爱情。

爱情啊，是诗经里的蒹葭，是纳兰性德的寻常，是陆游的沈园数顾，也是易安的东篱把酒。

爱情的魅力如此之大，让人寤寐思服，让人辗转反侧，让人从此变得不再像自己。无怪乎，连向来豁达的东坡先生都曾惘然吁叹一句『多情却被无情恼』，那更别说易安这样的小女子了。

爱情啊，自从遇到你的那一天起，一切就都有了不一样。

新婚情趣

古人有四大喜事：久旱逢甘露，他乡遇故知。洞房花烛夜，金榜题名时。

写《丑奴儿·晚来一阵风兼雨》这首词时李清照正值新婚。

晚来一阵风兼雨，洗尽炎光。理罢笙簧，却对菱花淡淡妆。
绛绡缕薄冰肌莹，雪腻酥香。笑语檀郎：今夜纱厨枕簟凉。

这时候的她，年方十八，嫁得如意郎君，家境优渥，即便聪明到知晓“花无百日红”的道理，却也因被光明的前景迷花了眼，嗅不到半点生活的恶意。此时的文风，自然会与她历经沉浮后的诗词不同。

清王鹏运曾经说这首词“词意肤浅，不类易安手笔”。其

实，易安本就以“婉约中偶有豪放，蕴藉中时有直白，奇瑰中间有俗俚，沉郁中亦有轻巧”之别样词风而闻名于世，更何况，写下这首词的时候，她新婚不久，为何要搞得好像很倒霉的样子？

新婚妇人，本就应该娇羞非常、矫情非常、情谊非常的啊。

想起新婚之夜啊，她便惊觉自己已然成为新妇。

她看着镜中盘起的发，偶尔会想起那个十四岁的黄昏，那一天，她与友人喝得醉醺醺的，而后乘舟归来，惊起一池鸥鹭。

她的目光掠过那个高冠束发的男人，有一瞬的愣怔，那时候的自己如果知道日后的郎君是这副模样，会是什么样一种心情呢？会羞怯吗？会期待吗？会希望当前的生活尽快过去吗？

应该，会吧。

如果说赵明诚对李清照是一见钟情，那么李清照对赵明诚怎么也应该是二见钟情，不然不会为他写下那么多的诗词。

她沉浸在幸福中度过了这一天，简直不知今夕是何年了。

傍晚时分，微风自轩窗传来，带着一阵湿润打在了她的胳膊上。她推开窗发现，天边的晚霞不知何时已经落下，疏叶被洗得碧青。原来是下了一阵雨，洗净了一天的炎热啊，怪不得这般凉爽呢。

那高挑的男子发觉新婚妻子对着窗户发呆，怕心思玲珑的娇妻生出什么不好的念想，唤她前来吹笙。

乐音绕画梁，高山流水相倾赏。在流泻而出的乐声中，他们目光交汇，心灵相通。原来，彼此竟是这般合拍的人。一时间，李清照生出了无与伦比的满足感。这样的生活，这样的男子，这样相携走过的一生，她光是想想，都要幸福得无法言喻。

这一刻，她因博学而产生的悲凉皆被治愈，她只想当个安安静静的小女人，再不想其他。

事实上，她确实变成了这样的一个小女人。

整理完笙簧，她私心里总觉得自己出了些汗，会把妆容打湿。念及此，她赶紧对着铜镜化起了晚妆。

此处，“菱花”代指“铜镜”，出自李白的“玉箸并坠菱花前”。

脸上的妆容可以补，可身上还是汗涔涔的啊，既然如此，不如把衣裳也换了吧。

她又起身，换上轻薄的丝质衣裳。这衣裳丝丝滑滑，穿在身上有胜于无，衬得胴体若隐若现，肌肤莹白似雪，再配上因香汗淋漓而散出的体香，美好得令一边的郎君看得眼睛都直了。

她被看得有些羞赧，可她这种活泼的、敢做敢说的性子怎么容许她在他面前落败呢？她选择掌握主动权，调侃回去。

她调皮地在铜镜前斜睨了他一眼，纤纤细手支着雪白的下颚，目光灼灼地道：“官人，今日晚来风急，又有小雨，很是有一番凉初透之感，想必，很适合在罗纱帐里睡上一觉吧。”

这句有意味的话想来不仅羞红了赵明诚的脸，同时，也羞红了千年后，我们这些读者的脸。

易安这种“缙绅之家能文妇女”敢于如此“肆意落笔”，可真是不负“大胆”之名啊。可文学和文字最初的作用不就是用来剖明心意、解构人性的吗？易安，是一个真正的文人，更是一个真正会生活的人啊！

关于这个新婚之夜，其实还有一个浪漫有趣的故事。

据说，新婚之夜，客人皆已散尽，室内红烛昏罗帐，恰是好时光。赵明诚揭开新娘的盖头，李清照嫣然一笑：“官人才华横逸，清照早有耳闻。那一日在庭院中得以一见，清照便觉得官人器宇不凡。官人知道，清照以才闻名，向来也钦慕那些才华横溢的君子，此番，不知能否考上官人一考？”

李清照既吹捧了赵明诚一番，又婉转地提出了自己的诉求，使得赵明诚飘飘然之余断不会不答应从而使自己的女神失望，因此只得乖乖任李清照摆布。

李清照看他应允，款款道：“我依稀记得，初次见到官人是在十里河外的元宵灯会，而我最喜欢猜字谜，不如？”

赵明诚的眼睛一下子瞪大了，他原以为她不记得他，如今看来，她是对他有印象的啊！他满心的窃喜。李清照轻启朱唇，道出了字谜：“三面有墙一面空，妙龄裙钗住其中。有心与她说句话，可恼墙外有人听。”

赵明诚侧耳听完，略一思索便握上李清照白皙修长的手，

在她掌心描摹出一个“偃”字。

李清照只觉掌心有点点热随着他的指尖散开，待到这热散尽，那个字也在她脑海中成型。

对啊，就是这个“偃”字，既是谜底，又是他们当前的现状。

在古代，一对新人入洞房之后，总会有男方家的婢女在门口“听房”。

一般女子对此娇羞无奈，但李清照偏生要揶揄一番，因此，也就有了这个形象生动的字谜了。

李清照的目的不同于苏小妹的为难，她这是暗含着一种娇嗔的情意在里面，着实招人喜爱。

胡适就曾经说过：“中国女子在文学史上占最高地位的自然要算李易安，易安何以能占这样高的地位呢？因为她肯说老实话，敢写她的生活。”

此言只肯定了易安文字的写实性而忽略了她高超的技巧以及盖世的才华，但就这写实性而言，胡适的评价还是很到位的。

易安的可爱，就是因为她的写实。虽然她笔下的很多文字都有争议，或因大胆被人诟病，或因风格不同被人怀疑是他人所作。但笔者却觉得，无论是谁，每个阶段都有不同的心态，这才是一个人该有的样子。比如易安，她有小女子的娇俏，有被负的愤怒，有杀敌的豪情，也有凄凄惨惨戚戚的自怜。这所有的她，合起来才是一个真正的她。

人与花比娇

1101年的生活对于李清照来讲，怕是要回忆一辈子的。

没有后期的颠沛流离，没有夫君纳妾的含沙射影，也没有国破山河不在的气节大义，这时候的李清照与赵明诚只谈爱情。

也难怪李清照在历经沉浮的垂垂暮年，还边苦苦哀叹着“甘心老是乡矣”边感慨着往事的不再来。

是啊，即便爱情不在了，即便他们之间磕磕绊绊地过了那么多年，有过失望有过伤心，乃至有过想分道扬镳的决绝。可多少年之后，她看着年少时同他一起泼过水的旧书，泛黄的书页上斑斑驳驳，皆是当年她小心翼翼爱他的痕迹。那一刻，她才知道，刹那即永恒，她才知道，即便一切都会变，可那时她对他的初心，永远都在。在岁月长河中，在她的生命里，在那方正小楷下，闪着熠熠星光，永不消亡。

毕竟，那时的她是那般地爱着他啊。

李清照有多爱赵明诚呢？从一件小事可以窥见一斑。

说是李清照在婚后时常与夫君玩“赌书泼茶”的文字游戏。或许关于这个游戏更有名的一个人是纳兰性德，他的那句“被酒莫惊春睡重，赌书消得泼茶香。当时只道是寻常”可谓是感动了万千女性读者，为其深情，为其文采，更为那句“只道是寻常”的辗转缱绻。但这个游戏，其实是李清照创的，而纳兰公子，只是无数个效仿者中的一个。

李清照在《〈金石录〉后序》中对此事曾作如下记载，“余性偶强记，每饭罢，坐归来堂烹茶，指堆积书史，言某事在某书某卷第几页第几行，以中否角胜负，为饮茶先后。中即举杯大笑，至茶倾覆杯中，反不得饮而起。甘心老是乡矣！”

她说，他们二人时常在“归来堂”（李清照与赵明诚屏居青州时的住宅名）里彻夜切磋学问，点烛为准，烛火不灭，游戏不结束。什么游戏这么好玩呢？就是两个人猜某件事是写在什么书、第几卷、第几页、第几行里的游戏。

其实笔者觉得这游戏无聊极了，因为没那个记忆去玩这个游戏。但赵明诚和李清照却乐此不彼。

有游戏，就必有胜负。李清照也说了，“余性偶强记”，她的记性非常好，参照赵明诚后期特别害怕下雪天（因为一旦下雪，他就要被李清照拉着去吟诗作对，而他又远不及自己的妻子）的例子，赵明诚必然不可能在这件事情上胜过她。可赵明诚本人也是极要强的，怎甘心屈于妻子之下呢？这从赵

明诚看到“莫道不消魂，帘卷西风，人比黄花瘦”之后把自己关在房间里，疯狂写了五十首，还将自己的好友陆德夫请来作评，便可看出来。

与这么要强的丈夫在一起，即便是“自恃其才，藐视一切”的易安，也时有服软之举，比如，李清照说，因为玩得太高兴而至“茶倾覆杯中”，使“不得饮而起”。可事实上，真的如此吗？是因为太高兴了，才使得茶泼了？更多是为了自己的丈夫保留颜面吧。她不好意思先饮，故意举杯，茶水漏了一点在衣襟上，如此便可留给夫君一些尊严。

那时候男子爱一个人，愿意为她变得强大；而女子爱一个人，愿意为他变软弱。

笔者想，那时的她，是真的爱他。

当然，除了那些生活中的小细节，《减字木兰花·卖花担上》更是李清照爱赵明诚的明证。

卖花担上，买得一枝春欲放。泪染轻匀，犹带彤霞晓露痕。
怕郎猜道，奴面不如花面好。云鬓斜簪，徒要教郎比并看。

词人其实是个不好打扮的女孩子。

古人最是在乎形象的，也最是喜欢评价旁人的形象的。你随意翻开一部史书，评价一个人外貌的多是“形长八尺，美眉明月”，再不济也是“锦衣长袍，仪表堂堂”。东方朔说自己是“长九尺三寸，目若悬珠，齿若编贝”，用现在的话说那就是一个高挑修长、唇红齿白的帅哥啊。再说说与薛涛、鱼玄机、刘采春并称“唐代四大女诗人”的李冶，年轻时是“美姿容”，老了也能得到一个“俊妪”的称呼。

可见，但凡好看些，老了也是能美名传千古的，李清照若是有上那么几分姿色，定然是会被史籍或是旁人的文字给记录下来的。当然，也有可能是易安居士才气太盛，让人忽略了她的长相。

易安长得或许并非倾国倾城，但要说她长得多么不好看，笔者也不认可。曾经有个“易安居士三十一岁之照”，据说是赵明诚题的，但也有人对此否认，至于到底是不是赵明诚所题，容后再论，现在先讲他于画边题的字吧。他说她“清丽其词，端庄其品”。此处，并未言及容貌如何，倒是重点着笔于词的清丽以及品质的端庄。

易安对此也看得开，没过分夸耀过自己的美貌，于她本人而言，爱喝酒爱看书，有豪气有傲气，这就够了。也从不艳羡迷得唐明宗为其覆国的杨玉环，她看重内在甚于外貌。

但是，在赵明诚面前，她却变了个模样。此时的她，即便心知自己也没有沉鱼落雁的花容月貌，可偏偏还是要迎难而上，连那花儿，都要堪堪去比美。

爱一个人啊，那就是要为他做尽蠢事的，有什么理智可言呢？可这样的蠢，不也正是率真的一种表现吗？

如此，让我们在这首词里，一窥她不常见的“蠢”与“萌”吧。

这首词所作时间没有什么可以疑惑的，陈祖美的《李清照简明年表》中有清晰的记载："公元1101年，（李清照）18岁，适赵明诚。是年，李格非（李清照父）为礼部员外郎，赵挺之（赵明诚父）为吏部侍郎。赵李两家均居汴京。《减字木兰花》《庆清朝》诸阕当作于是年前后。"

这是新婚之作。

虽然她与夫君新婚，但赵明诚要去太学读书。而在太学读书不能时刻在家中陪伴她，只有每月朔、望才能请假归来。所以，她时时被相思折磨着，入骨噬魂。

而今日，正好是他归来的日子。

她与婢女早早便站在门口迎接他，心下皆是甜蜜期待与羞赧，她瞧着树上的青鸟，看着眼前熙熙攘攘的人群，目光忽然被卖花担吸引住了。

她开开心心地叫停一个卖花老翁，挑了一枝含苞待放的鲜花。

这里，李清照用了一句"春欲放"。这个"春"字用得甚是巧妙：一方面，"春"指代春色、春天、春光和春意，写出了时节以及周围的景致，另一方面，"春"也指鲜花本身，一枝即代表整个春天，这花得多美啊。同时，郎君一人对于她来说便可抵得上整个世界，映衬出对赵明诚的爱意。

你瞧瞧，这花多美啊，天上的云霞也不过如此吧。娇艳欲滴的花上还挂着未干的露珠呢，这露珠在晨曦中变得流光溢彩，像极了美人脸上晶莹的泪珠，甚是惹人怜爱。

这一“泪”字用得也很巧妙，既将鲜花比作美人，突出了花儿鲜明生动的美，又点明时间节点在清晨，使得整首词的背景清新绚丽，恰到好处地烘托了新婚的欢乐与甜蜜。

她一时看得有些痴了，忘了周遭。一名鲜衣怒马的美男子含笑朝她走来，她都没有发现。

男子轻轻唤了她一声：“清照”。

她蓦然间抬起头来，那人浅笑盈盈，踏着晨光中的微风，踩着暗夜下的月光，款款朝她走来。她想起曾经在城隍庙下求姻缘的少女，斗转星移，岁月无痕，一瞬间，好像所有过去的痛楚、迷茫全都不存在了，眼里、心里只有他。

她突然想起手中的鲜花，这花娇艳欲滴，任是自己都被摄了心魂，更何况，是他这般怜花的男儿呢？

这花儿，会不会抢了他的注视呢？

念及此，她心下有些醋意，瞧了眼手中的花，灵机一动。人都说云想衣裳花想容，不如红花玉容两相重，倒是要让她的郎君看看，是花儿美，还是她美呢？

她娇羞地低头掩面，他不明所以，难不成是自己脸上有不小心擦上的墨渍未洗净？他刚想着怎样不着痕迹地将墨渍擦拭掉，却见眼前的娇俏女子将手中的花朵插在了云鬓间。眼前的浅春淡柳下有乌发雪肤的女子，女子精致纤巧的金步摇上有红花一朵，红花纤展，美人初盛，名花倾国两相欢，美人共花不可分。

她就那么浅笑盈盈地看着他，什么都没说，就将他的整颗心、他的所有眼神，悉数吸引了过去。他痴痴傻傻地看着她，好似又回到了初见她的那个晚上，好像又变成了那个手足无措的少年。

全词并没有花与人谁更美的回答。但不管是“情人眼里出西施”的真理还是“恋爱中的女人最美丽”的调侃，其实我们心中都已经有答案了。

难道不是吗？

帝王之邀

禁幄低张，彤阑巧护，就中独占残春。容华淡伫，绰约俱见天真。待得群花过后，一番风露晓妆新。妖娆艳态，妒风笑月，长殢东君。

东城边，南陌上，正日烘池馆，竞走香轮。绮筵散日，谁人可继芳尘。更好明光宫殿，几枝先近日边匀。金尊倒，拚了尽烛，不管黄昏。

——《庆清朝·禁幄低张》

关于这首词写就的时间，很多人认为是在新婚前后，也就是 1101 年（宋徽宗建中靖国元年），李清照十八岁的时候。

当时她的生活，怎么看都是前途无量、阳光灿烂的。这种灿烂，可以在词中窥见一斑。

这是一个春光灿烂的日子，女词人应邀去赏花。至于是应

谁的约，答案就留待一轴百花图慢慢展开吧。

花在清风中怒放，风兴云蒸，渐欲迷人。护花的帷幕低低地垂着，替她遮挡去当空的烈日，红色的栏杆萦绕围护着，防止路过的人碰到这些娇艳的花儿。这被精心保护着的到底是什么花呢？如此的美妙非凡，好似占去了所有暮春的风光。

只见她的花色淡雅，姿态娉婷，像一位遗世而独立的美人，虽然占尽先天的美色，却看淡一切，无谓得失。她美好又天真，朵朵都好似天工造化而出的精巧绝伦。

她的存在是一种“无意苦争春”的淡然，她的姿态是一种“一任群芳妒”的惊艳。她啊，才不屑与百花争春，而是选择开放在百花之后。等数不清的春花纷纷凋零，再暗自纤巧盛开，在春风吹拂中抽芽，在春雨淡洒中沐浴，待春露滋润后展颜，一朝盛开，如晓妆初成的二八佳人，清新明媚，惊艳众人。

你以为她自带天真就不妩媚了？可知，妩媚不自知的鲜花最是迷人。她啊，便是这样的花。

她天真地在春光中朝你颔首，春风被她戏弄，春月被她嘲笑。可即便她这般恣意地怒放，引得百花齐相妒，司管春天的神君却依旧被她牢牢锁定住目光。

这里的“东君”指司管春天的神君，同时也隐喻着坐拥后宫美人的皇帝。

在东城、南阳这些地方，日光充足，亭台池馆整天都被暖烘烘的太阳熏抚照耀着，温暖宜人。从早到晚，这些地方都被赏花、买花的人围得水泄不通，车如流水马如龙，鲜花行

人正春风。花香足以将滚滚而过的车轮染香。

在这般花开如锦如簇的鲜花盛会结束之后，还有什么花朵可以继续她的芳华，散发出迷人的馨香呢？怕是再没有了吧。

此处，李清照在沉醉于繁花盛开之时忽又泛滥起“无不散之筵席，无不凋之花朵”的感伤，这种“兴尽悲来”的感受也不知是什么触动了潜藏心底的隐痛？但她终究是乐观的，她开始转移注意力，之后便有了“抑”之后的“扬”。

当然，最美的花儿并非在东城、南陌这些地方，而是就在此处。

这是什么地方呢？是一处宫殿，但不是真正的“明光宫殿”。“明光宫殿”是汉代的宫殿名，建于汉武帝太初四年（前101年）秋，在长乐宫中，《三辅黄图》云：“未央宫渐台西有桂宫，中有明光殿，皆金玉珠玑为帘箔，处处明月珠，金陛玉阶，昼夜光明。”

这里借“明光宫殿”指北宋汴京的宫殿。为何要借“明光宫殿”呢？因为大汉自古便是盛世的代表，因此，李清照借汉代的宫殿名，寥寥几笔便书写出北宋一派朝气蓬勃的盛世之景。这里，是渲染一种荣耀。

她在宫殿里干什么呢？自然是来此处赏花的。至于是因何而来，不得而知，或因是达官贵人的家眷而来，或因才华被“文艺青年”赵佶邀请而来，但可以肯定的是，宋徽宗就在她旁边。

有几支向阳怒放的花儿正在竞芳吐艳，这里的“日边”表面是指“向着太阳”，实则指在“皇帝身边”。

在这种盛世之景下，别再患得患失，别再忧伤了，还不及时行乐，纵享人生几何？

来吧，对着飞花流光举起手中的杯盏！别再犹豫了，快把杯中的美酒一饮而尽！别管它斜阳已西坠，黄昏将袭来，也别管那筵上未燃尽的残蜡，一起把酒言欢，今朝有酒今朝醉吧！

这首词不仅是一首咏花词，还是一首难得的“悬疑”词。

为何这么说呢，因为，至今无人知晓这首词里写的到底是什么花。

至今有两种解释，一是牡丹，二是芍药。

认为是牡丹的人觉得此花如此的顾盼生辉、倾国倾城，只能是被称为“百花之首”的牡丹。因为中国自古以来便有牡丹花开有富贵这一说法。因此，只有牡丹才有资格伴在帝王侧，这一点几乎是公认的。

而认为是芍药的，引申到作词人——李清照身上了。

李清照笔下所咏之花卉无非是江梅、金桂、藕花、白菊等，这些花儿清雅、淡漠，好似人中的雅士，绝不会是雍容华贵的牡丹，笔者也从未见她对牡丹有何好感。因此，从她的审美情趣与品格爱好上来看，应该不是牡丹，而是同一时节的另一种花——芍药。

何况，“容华淡伫，绰约俱见天真”这句更是刻画出芍药的特征。父亲李格非在《洛阳名园记》中对花草颇有研究，李清照必定熟读，对《神农本草经》和《新修本草》中描绘的芍药“绰约”自是了然于胸。

所以，本词所写的，理应是芍药。

笔者倾向于后者。因为宋徽宗本身便是个“文艺青年”，文艺青年更倾向于文艺的花，而芍药无疑比牡丹要更清灵雅致。所以，宋徽宗在花园里种芍药的可能性还是很大的。

不过，这种分析其实也不足引起争论，大家只需知道，确实是有这么一种花，既雍容又清丽的，那便可了。

这首词写得极其豪迈，意气风发，是对现状极其满意的一种“晒”。

笔者现在看着这种“晒”有一种难以言喻的感觉，这种感觉与看到同为北宋文人所作的那幅《清明上河图》是一样的。

这种感觉，苏东坡给予了很好的诠释：“寄蜉蝣于天地，渺沧海之一粟，哀吾生之须臾，羡长江之无穷。”

这是一种对于未来难以把握的害怕，是一种对天地万物渺小到不能预测到未来分毫福祸的悲哀。

纵然张择端笔下有世界，纵然李清照胸中有千秋，他们用自己那双被神点染过的手记录下北宋当年的辉煌，可瞬间繁华如灯灭，一切于转念间陡然扭转，甚至都没给人反应的时间，你就由身处繁花似锦，变成被弃置在荒野颓垣中了。

周遭的一切，全都没了。

看着这首盛世繁华的词，想到了数年后北宋的凄凉，心中顿有一种“不知明夕是何年”的哀戚。不管如何，好好过好当下的每一天吧，明天与未来，我们无法把握，但至少，还可以立足当下。

新婚小别惹相思

《浣溪沙·莫许杯深琥珀浓》是一首颇为含蓄婉约的闺情词，写于李清照年轻时代。

什么叫闺情词呢？顾名思义就是描写闺中之情的词，其实就是写待嫁闺中的女子情窦初开时的细腻情感或者少妇的闺中思夫之情的。这些词的风格多阴柔含蓄、欲说还羞。

比如温庭筠的那十四首《菩萨蛮》和六首《更漏子》便将这种浓丽、香艳的风格表露无遗。那句“懒起画蛾眉，弄妆梳洗迟”通过描写女子起床梳洗时的娇慵姿态来烘托人物孤独寂寞的心境，将华丽与孤寂完美地混合在一起，好似缓缓展开的一轴宫装美人卷，惹人无限遐思。

除了温庭筠，另外十七位“花间词派”词人也几乎都难逃阴柔之美的印记。后来，这种主要描写女性状态的阴柔诗词写着写着就变味了，带上了一些色彩，也是因为这些色彩，形成了传统的词为艳科的特点。

再往后发展，词便成了画舫、柳巷助兴之乐曲的附属品，内容单一，多是描写男女之情、自然光景，因此格局不大，难登大雅之堂，一直被社会认为是绮艳之作。

后来，苏东坡瞧不过眼，在给朋友的一封信——《与鲜于子骏书》——中写道："近却颇作小词，虽无柳七郎风味，亦自是一家"。

这句话是什么意思呢，就是说：我最近做了一首小词，虽然跟柳永的旖旎哀切不同，但也自成一派，有自己的韵味和风格。

从这句话可以看出来，苏轼本身也没有想要改变词的地位，只是无心中作了首不同于柳永风格的词。为什么会提到柳永呢？因为彼时，柳永是北宋作词最好的，或者可以说，是最具"大唐遗风"的，这个"遗风"自然就是遗的"旖旎哀切"风。

事实也确实如此，柳永此生除了一首怨气冲天的"才子词人，自是白衣卿相"之外，几乎全是"执手相看泪眼，竟无语凝噎"的悲情。又因为这首词得罪了皇帝，皇帝下令他一辈子不能做官，他便只能混迹烟花柳巷，给妓女填词，混口饭吃。因此，他笔下的词作算是达到了温庭筠之后最具"艳情"特色的另一个高峰。

而东坡无意之间做的这首"自是一家"的小词，突破了词的界限，他认为词与诗是一样的，都是表达个人情感的载体，

无所谓尊卑。这也是东坡居士继柳永之后，对词体进行的一次全面的改革，这场改革声势越来越浩大，引发一众文人参与其中，最终突破了词为艳科的传统格局，形成了与“唐诗”对立的另一个阵营。这个阵营，便是浩瀚人类文学长河中，星光熠熠、永不黯淡的“宋词”。

后世人总爱将“唐诗宋词”相提并论，我们也心心念念背了这么多年，当然得知道词的来龙去脉以及历程发展。这才不枉费无数文人的心血以及努力。

如果说苏东坡的“词自是一家”提高了词的文学地位，使词从音乐的附属品转变为一种独立的抒情诗体，从根本上改变了词史的发展方向的话，那么李清照的“词别是一家”便将它与诗区分开，赋予了词独特的韵味，将词的特色发扬光大，造就了百花齐放的现象。最终，他们使宋词达到了与唐诗二分江山的高度。

苏东坡是开创者，李清照是创新者，二者有所不同，却一样的伟大。

接下来，让我们回到那个风起云涌、群星闪耀的北宋，仔细赏析一下这首《浣溪沙·莫许杯深琥珀浓》吧。

莫许杯深琥珀浓，未成沉醉意先融。疏钟已应晚来风。
瑞脑香消魂梦断，辟寒金小髻鬟松。醒时空对烛花红。

李清照的这首闺情词典雅富丽又通俗易懂，像一位清丽的

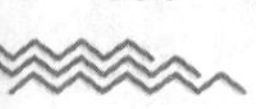

美人，用孙崇恩的话形容，便是“色淡高雅、寄情深微而见胜”。这首词上阙描写白天对酒独酌，下阙描写长夜空对烛花，点出了词中人等人的孤寂与相思。

词的开头便是女词人借酒消愁的景象描写。

这是一个独守深闺的女子，女子的模样瞧上去不过十八九岁，她的夫君在哪里呢？她为何一杯又一杯地饮着眼前那色如琥珀的美酒呢？这酒可是太白笔下“兰陵美酒郁金香，玉碗盛来琥珀光”般的美酒啊，她就这般一饮而尽了，也不去细细品尝，实在不像是以往爱酒如命的她啊！

却也不知，这般的喝法有没有消解掉她心中半分的愁思呢？

怕是没有吧。

俗话说，酒不醉人人自醉。女词人醉眼蒙眬，可那玉盏中的美酒，却并未少上太多。

心中装了太多的事，自然不堪酒力。

前两句以酒咏情，含蓄非常，似在不经意间透露出一种淡缈的情思。此种淡中寓浓、似淡实浓的词句隽永悠长、欲说还羞、有留白之韵味，为女词人常用之笔法。

下一秒，彻底离开对人以及对情的描写，笔锋一转，写了女词人的所听所触。

这孤寂空荡的闺房只有伏案睡去的女词人，除此之外，再无其他。

远处传来断断续续的钟声，也不知是来自哪座寺庙。这声

音在寂静空荡的大地回响，不知与唐代诗人张继夜泊枫桥时听到的是否一样呢？

除了睡着的李清照，怕也就只有穿窗而过的晚风在静静地陪伴这钟声了。

上阙前两句借酒写人的愁，后一句借周遭留下耐人的悠长，用词典雅精致，哀婉而不媚俗，实乃词中一清丽佳人！既留了“花间派”的阴柔，又多了唐诗里的那份清丽恣意，可谓形神兼备，妙极！

下阙又将注意点放在了睡着的女词人身上。

香炉里，蝉蚕形的瑞脑（名贵的香）烧尽了，香味渐渐断了，室内清明起来，女词人的清梦也无法继续。

此处，用“香消”来代“梦断”有一种似真似幻的不分明感，也从侧面烘托了女词人仍未醒透的状态，营造了一个慢镜头的感觉。

女词人已渐渐清醒，但长夜漫漫，天仍未明，女词人只得独自一人在床上辗转反侧，金钗隐在散落的发髻里，显得愈发小了。

女词人想来是梦到了那久未见面的夫婿吧，不然，又为何这般心绪不宁呢？

人间几回彷徨意，多是相思难断离。

她想起了很多很多的才子佳人，有陆游与唐婉的“东风恶，欢情薄”，有苏轼的“十年生死两茫茫”，她知道她不该想到这些，他们俩明明好得很啊。可是她就是控制不住地乱想，有他在身边，她好像有了全世界，没了他，她觉得整个世界都没有色彩。

耳边断断续续的钟声依旧，她已全然醒转，再睡也难以入眠了。

女词人幽幽地叹了口气，整理好鬓角，拢好衣裳，拿了一本书柜前的典籍，打算静静地翻上几页，却发现心绪如何都安静不下来。

她干脆放下书本，看着黑夜中泛出小小暖色的烛火，托腮沉思。

灯花影影绰绰，烛泪斑斑驳驳。她还记得，有一个叫李商隐的晚唐诗人曾经写过一首诗，企盼与离别的妻子共剪西窗烛。据说这烛芯余烬结成的花是喜事的征兆呢。

她也不期盼别的喜事了，她只是希望她的夫君能够早日归来。

且将油盐写雪月

雪里已知春信至，寒梅点缀琼枝腻。香脸半开娇旖旎。当庭际，玉人浴出新妆洗。

造化可能偏有意，故教明月玲珑地。共赏金尊沉绿蚁。莫辞醉，此花不与群花比。

李清照一共写过两首《渔家傲》，这首《渔家傲·雪里已知春信至》着笔于梅花的冷傲，通过梅花的不屑与群花比，以花自比，表达了易安居士的清高以及对婚姻的满足。这首词通篇有一种清冷的孤高和顾影自怜在里面，是一种自我欣赏，跟她前期多着笔写自身生活的习惯相似。

另一首更为出名，全词营造了一种庄子笔下的意境，最后的“九万里风鹏正举。风休住，蓬舟吹取三山去”更是为读者呈现出一种遨游天际的豁达，境界高远，气势不凡。可以说，无论是从笔力还是从整首词所营造的意境上看，另一首一看就是后期所作。

根据山西古籍出版社的《李清照集》所附的李清照年谱，这首《渔家傲·雪里已知春信至》的写作时间应该在宋徽宗建中靖国元年（1101 年），那年李清照十八岁。

这首《渔家傲》虽然不如后来那首有名，但也算是北宋名篇，前两句“雪里已知春信至，寒梅点缀琼枝腻”尤为著名，经常出现在各种咏梅的代表诗词里。

自古以来，咏梅词非常多。

王安石有那句著名的“遥知不是雪，为有暗香来”，陆游作“何方可化身千亿，一树梅花一放翁”，还有王维的“来日绮窗前，寒梅着花未”，甚至到了很多年后，还有我们伟大领袖毛主席和的一首。

在那首《卜算子·咏梅》里，毛主席特地反陆游的咏梅词而用之。陆游说梅“零落成泥碾作尘，只有香如故”，生生将雪地傲主写成了受气小媳妇儿的模样，毛主席便彻底还了梅一个公道，只消“待到山花烂漫时，她在丛中笑”的轻点一笔，霸气自信的雪中傲梅立马便映于纸上。

梅同兰、竹、菊自古以来便被称为“岁寒四君子”，是清高、傲骨的名词，文人多爱之。因此，咏梅词甚多也是很正常的，毕竟文人多清骨，人又喜爱以类作比。

事实上，易安也非常喜欢梅花，她生平所作诗词不多，约五十首，《全宋词》载录的李清照词共有四十七首。这四十七

首词里，咏物之作尤以梅为最盛，差不多就占到了五分之一。可见，梅在易安的生活以及笔下占据着极其重要的位置。

陈祖美的《李清照评传》和《词话丛编》中点评李清照咏梅是“借翎毛花卉隐括身世、倾吐心事”和“用浅俗之语，发清新之思”。也就是说，李清照咏梅，志不在梅，而在于自己的心事以及情思。

接下来，我们就重点分析易安的这首《渔家傲·雪里已知春信至》。

易安彼时初嫁，沉浸在小女子的情思里，有些顾影自怜又有些被爱者的有恃无恐，实属人之常情。因此，本词中的“梅”，其实是她以及她跟赵明诚婚姻的拟象物。

早春时节，下了一场雪，整个大地都被皑皑大雪所覆盖，有曹雪芹笔下的意境，却无曹公的凄凉，只有属于易安居士的“春的生机”。

那一晚，可能念书的赵明诚又回来与她团聚了，因此，易安居士的心情非常好，两人在属于他们的屋子里饮酒作诗，赏花弄月。

此时，天上陡然爬上一轮明月，借着花间的一壶酒，与洁白的大雪相衬，天上地下，雪里心中，都亮成了白昼。此种心情妙不可言。

夫妻二人被雪景吸引，起身往窗外看，一股凉寒的气息传来，伴着一股沁人心脾的入骨幽香，眼前有倩影迷离摇曳，手

中有温度直达心底。此刻易安的心里定是能载得下全宇宙的。

这大雪里的倩影到底是什么呢？这幽香又是什么呢？猛地，一个念头闪过心头。难道是梅花开了？

是啊，确是到了梅花将开的时候了。

她异常欣喜，拉着夫君的手："你看，是梅花要开了呢。"

他沿着妻子所指的方向看过去，确见暗月光影下有一株娉娉婷婷的梅花。梅花娇艳欲滴，亟待开放。这点嫣红点缀在覆雪悬冰的梅枝上，晶莹剔透，丰润皎洁，使得清瘦的梅枝顿生了一丝先前没有的风韵，煞是诱人。

这梅花还未全开，只是含苞初绽，却更显娇媚可怜，如美人羽扇半遮面般让人心生向往。

"你说，这半开不开的梅像什么呢？"她调笑着问夫君。

夫君蹙眉，这小妻子怕又是在揶揄他了。

他笑道："庭院覆雪如木盆，半开娇花似佳人。娘子，你说呢？"

是啊，这梅可不就像是刚刚在庭院中出浴，换了新妆的佳人吗？

大自然可能真的是偏心的，有时候总把好东西都放在一处，比如这娇艳的梅花。它生在百花未开时，见过白雪的冰凌也享受得到春光的和煦，它有寂寞的安宁也能独占全天下的专心。它啊，可真是什么都有啊！

你看，连月亮都怜爱她，故意变得皎洁清透、玲珑可人，

温和地照亮寒梅的每一处的视野。

她想："寒梅可真幸福啊，可是更幸福的不是我吗？"

她脸颊通红，不知是被冷风吹的，还是羞的。她握紧了身边那人的大手，看着他如玉的侧颜在皎洁的月色下微微泛着光，突然觉得即便拥有了全世界，心下的满足安然怕也不过如此。

一阵寒风吹过，雪花簌簌地往下落，他们身上也沾上些许。

他轻轻地关上门，体贴地对她说："娘子，不如进来暖暖，为夫瞧你有些冻得慌。"

她点点头。

二人复又在桌前坐下，桌上有精美的酒杯、酒壶，杯中的酒还剩一半，酿酒时的碎屑沫子原先是浮在酒面上的，趁他们赏梅的空当儿，已经沉入杯底，静悄悄的，就像时光了然无痕。

如此花好月圆之夜，不要再去想他什么今日明日，也不要去管喝醉的后果了，不如就着这梅与雪，举杯畅饮，一醉方休吧。

这大声的疾呼表达了她兴致的最高潮。

到这里，该词本可以结束了，但李清照神来一笔，又转向梅花，"此花不与群花比"。意为，梅花是不屑与别的花比美的，就算是比了，别的花也比不上梅花。

为什么会突然来这一笔呢？

因为她太开心了，内心深处是满满的自得：你们的婚姻啊，是比不上我的。我同他情投意合，志趣相投，既有乍见之欢，又久处不厌，重点是，我们还门当户对。你们这些“父母之命，媒妁之言”的契约婚姻，又怎么能跟我比呢？我跟他可是此生唯一之灵魂伴侣啊！

其实，这是一首赤裸裸的“晒幸福词”。

重阳节的思念

重阳节，是农历九月初九，因为二九相重，故又称“重九节”。这天，人们一般会登高、赏菊、喝菊花酒、插茱萸，还要吃重阳糕。因此，重阳节又称登高节、茱萸节、菊花节等。

重阳节的由来倒是有几分意思。

最早出现在南朝梁人吴均之的《续齐谐记》中，说是汝南县突然发生瘟疫，大量乡民病死，其中包括一个叫恒景的青年的父母。据说，这是一个瘟魔在作祟。为了打败瘟魔，解救乡人，恒景去东南山拜师学艺，仙人费长房给恒景一把降妖青龙剑，恒景便每日修炼。终于，在九月九日的时候，瘟魔重来，费长房给了恒景茱萸叶子一包，菊花酒一瓶，让他回去降妖。恒景将父老乡亲带到高处避难，并将费长房赠他的茱萸叶给大家随身带上，又让乡亲们一人喝了一口雄黄酒，如此这般，则瘟魔不敢近身。做好这一切，他便拿出降妖青龙剑与瘟魔搏斗，最后杀死了瘟魔。从此，汝河两岸的百姓就有了重九登高、插茱萸、喝菊花酒的习俗，并一直沿袭至今。

这虽然是一个美好的传说，但也有科学依据：菊花酒清凉去火，茱萸叶杀菌消毒，登高则是为了在天高气爽的时候临空远眺，与天地互通，这一切都有益于身体健康。身体健康了，秋季的一些上火、困顿等小毛病自然不会再来。

可见，老百姓的创造力是无穷的。

中国人自古以来都很重视重阳节，尤其是到了宋代。《东京梦华录》曾不吝文字记载过北宋重阳的盛况。《武林旧事》也记载南宋宫廷“于八日作重九排当”，以待翌日隆重游乐一番。事实上，因古代交通不便，重阳这种登高远眺的节日，便成了古人思念亲人、啸咏骋怀的重要日子。

关于重阳节的诗句很多，最有名的要数那句“遥知兄弟登高处，遍插茱萸少一人”，直白的口语却有欲说还休的韵味。除此之外，还有孟浩然的“绿树村边合，青山郭外斜”，杜甫的“无边落木萧萧下，不尽长江滚滚来”，白居易的“还似今朝歌舞席，白头翁入少年场”，辛弃疾的“思量却也有悲时，重阳节近多风雨”等都是描写的重阳节，只不过有的是直接描写，有的是间接描写。

在众多的男性诗人中，易安依旧“不识趣”地冒出了头，轻轻浅浅地赋诗一首，但也就是这首《醉花阴·重阳》令赵明诚辗转反侧，令陆德夫叹为观止，令整个重阳增添了许多不同于登高望远的别样颜色。

薄雾浓云愁永昼，瑞脑销金兽。佳节又重阳，玉枕纱厨，半夜凉初透。

东篱把酒黄昏后，有暗香盈袖。莫道不消魂，帘卷西风，人比黄花瘦。

（“橱”通“厨”）

（“比”一作“似”；“消”一作“销”）

那时，她刚回到明水。因为刚开始，所以尤其难熬。

她抬头看天，薄薄的雾气萦绕不散，浓稠的黑云压顶欲摧，这一切都让人喘不过气来。没了他的日子，要怎么过呢？

也不是没有分离过，与他成亲之后便一直聚少离多，可那时的分离是“小别胜新婚”的点缀。而现在，她没有把握是否这一生都会这样分下去？会否，他的生活从此以后就再也没了她的痕迹呢？

她的视线从室外到室内，从浓云滚滚到龙脑香在金兽炉中冒出细细长长的青烟一缕。脑中有愁绪万千，可她却什么都不敢想。

远处的高山上有人在临高远眺，不远处的集市里有人抱着茱萸在走，还有邻居家里酿的菊花酒飘来阵阵酒香。原来，一年一度的重阳佳节又到了。时间过得如此之快，这两年嫁给赵明诚的日子想来是让她快乐得忘了时间，忘了何为忧愁了。

“朋友说，我是最会生活的人，可如今，往日的闲情逸致，

我是再也不会有了。”她颓废地想着，一阵困意袭来，她才意识到，天色已晚，远处登高的人也早已陆陆续续地下山了。

她回到家中，洗漱完毕后便和衣躺下。

眼前是白色的纱帐，头下是冰凉入骨的玉枕，而枕边缺了一个相伴的人。随着夜色的加深，凉气越来越重，从头部渐渐蔓延，直至心底。她辗转反侧，伸出手想抓住些什么，可她什么都没有抓住。

她在夜色中睁开了眼，看着暗黑一片的房间，感受着一丝若有若无的菊花香。蓦地，就想到了黄昏后的场景。

她接过邻家赠予的菊花酒，学着陶渊明的模样倚靠在东篱边，看着暮色中垂垂欲坠的斜阳，一口一口地饮那忘忧之物。

彼时，喉间有酒色浅染，周身有暗香浮动，这些幽香顺着举杯的动作一下子散开，又突然下聚拢，香气也因此而时浓时淡。

在外人看来，这是一幅多么美妙的场景啊，有花香萦绕，有杜康馨香。

可是真的如此吗？真的不是如此啊！

这秋色很美很有诗意，却最是寂寥惹人伤，你看，它吹散了落花，吹落到天涯；吹起珠帘，露出帘后那清瘦忧伤的人。

没有他的秋，使思念加剧，令忧伤变浓，将她变得再也不像十四岁时那般快乐忘忧。

这首词的成词时间在1103年秋，正是李清照离京的时间。

两年前，她揣着一颗少女心嫁给了赵明诚，哪知婚后在一起没多久，赵明诚便“负笈远游”，后来又在外面做了两年小官历练。在这两年里发生了很多事。婚后第一年，父亲因政治危机，回了祖籍。婚后第二年，李清照刚刚等到夫君回到京城任鸿胪少卿一职，但她还未与他团聚多久就受了父亲牵连，被勒令跟随父亲一起回了祖籍。

在这一系列事情当中，女词人并非一味地坐以待毙，她也曾经试过帮助自己的父亲。她曾经上诗给赵挺之想要救父于危难之中，可一路升迁的赵挺之怎么可能被她的那两句诗所打动呢？换句话说，即便赵挺之真的想救李格非，他就能救成吗？他们之间的互搏又不仅仅是他们之间的事情，他们之间的此消彼长，是彼时新旧两派斗争白热化的自然结果。你强他就弱，你弱他就强，绝不会有双方一起携手奔向美好前程的景象出现。

在《洛阳名园记》里，张尝曾经写过这件事：“（文叔女上诗赵挺之）救其父云：‘何况人间父子情’，识者哀之。”

晁公武亦在《郡斋读书志》里就这件事给过李清照客观公正的赞美：“（格非女）有才藻名，其舅正夫（挺之字）相徽宗朝，李氏尝献诗云：‘炙手可热心可寒’。”

可惜的是，李清照的螳臂自然是挡不了朝廷这架马车的。

因为“宗室不得与元祐奸党子孙为婚姻”的诏书，李清照迫不得已回到了家乡明水，那个年少玩乐的溪亭日暮。可哪还会有那时的心境？

这首词与下一首正好可以放在一起赏析。那首词写于夫妻相聚前夕，彼时，李清照越发成熟，感情越发内敛，颇有一种“只可意会，不可言传”之韵味，而在这首词里，感情外放，一目了然，用词别致，心思甚深，一看便是刻意之作，而非随意挥洒而成的“偶得”。

为什么刻意呢？大概是一个没有安全感的女子想博得关注、同情的缘故。

李清照可能是这样想的：“我父亲落魄了，我就要同他一起走了，而你家蒸蒸日上，我真担心你不要我啊。如果可以选择，我多希望我父亲越变越好，而你家江河日下，这绝非我的恶毒诅咒，而是我的一片可怜低微的真心。因为只有外在的加持，才可让我不那么惶恐，让我不担忧，让我不时时害怕离你而去。事实上，我多讨厌这样患得患失的我啊。这样的我，跟从前一点儿都不一样。”这种假想或许并不真实，但感情之于女子，大约不外如是吧。

关于这首词，还有一个故事，是关于赵明诚的。

伊士珍的《琅嬛记》记载：“易安以重阳《醉花阴》词函致赵明诚。明诚叹赏，自愧弗逮，务欲胜之。一切谢客，忌食忘寝者三日夜，得五十阕，杂易安作，以示友人陆德夫。德夫玩之再三，曰：‘只三句绝佳。’明诚诘之，答曰：‘莫道不消魂，帘卷西风，人比黄花瘦。’正易安作也。”

赵明诚感动了吗？没有。

赵明诚思念了吗？没有。

赵明诚回信安慰了吗？同样没有。

他做了什么呢？把自己关在房间三天三夜，写了五十几首词，并将自己的词与李清照的词混在一起，让好朋友陆德夫找出最好的。

他的反应有三处不合意。

一，与妻争胜；二，将闺房之物示人；三，关于争胜还有一个结局，就是赵明诚此后再不愿与李清照对诗，甚至对于妻子的“雪天邀约”能避则避，就是怕作诗词再被妻子“吊打”，可见其能力略次，得失心太重，自尊心又太强。

李清照本是个睥睨傲然、才气卓绝、不知收敛的人。她的露才，早期会让赵明诚折服，可时间久了，自然会有人嘲笑赵明诚“不如妻子”，而自尊心极强的赵明诚对李清照的感情就会变质，甚至会敬而远之。

惊破一瓯春的忧愁

自古，写久别重逢的诗词很多，尤以唐代为盛。

比如，杜甫就曾经写过一首《赠卫八处士》，全诗洋洋洒洒共一百二十个字。此诗作于诗人被贬华州司功参军之后，彼时，他偶遇了少年时的知交。全诗抒写了对人生的聚散不定，以及喜悦、痛苦无法把握之惆怅，意蕴丰富引人在低徊婉转中将人生五味体会了个遍。全诗感情平易真切，结构层次井然，不失为一首好诗。

李白一生写过很多送别诗，也写过很多重逢诗，有一首是《答王十二寒夜独酌有怀》。这首诗是对王十二写给他的《寒夜独酌有怀》的应答，明面上是为王十二鸣不平，实际上亦是为自己鸣不平。通篇运用了至少二十五个典故，遣词造句洋洋洒洒，情感宣泄恣意昂扬，不下点功夫是真读不懂。

这两首诗都是好诗，但因为夹杂了太多的个人情感，便

将“久别”的思念或“重逢”的兴奋冲淡了不少。这些老爷们儿的诗，表面上是“我想你啊，我舍不得你啊”之类的“友情诗”，实际上，不是“我怎么这么不如意啊”的发泄，就是“我一定会好起来”的励志，或单单只是礼节上的礼尚往来，令人难免有些审美疲劳。

自古以来，男儿以兼济天下为已任，以保家卫国为己志，因此笔下之文字就有了很多人生抱负的抒发，单单由心而发的感情，反倒少了许多。

反倒是古时的女子，情感真挚，居闺阁一隅谈爱，就只谈爱，所以才显得尤其纯粹。比如朱淑真的“把酒送春春不语，黄昏却下潇潇雨”，朱希真的“相思恰似江南柳，一夜春风一夜深”，又比如李清照这句令世人惊艳的“留晓梦，惊破一瓯春”。

接下来，我们来正式分析这首《小重山·春到长门春草青》吧。

春到长门春草青，江梅些子破，未开匀。
碧云笼碾玉成尘，留晓梦，惊破一瓯春。
花影压重门，疏帘铺淡月，好黄昏。
二年三度负东君，归来也，著意过今春。

这是一首非常含蓄的久别重逢词，单从词面上看，很难看出这是一首表达重逢喜悦的词，但从字里行间仔细分析就会

发现，整首词里，李清照都隐隐压抑着期待，面上波澜不动，内里惊涛骇浪，像等待谢玄归来的谢安，明面上临危不乱地下棋，实际上，在听到侄儿凯旋的消息时，连鞋都忘穿就下地了。

结合词里的只言片语，再联想到词人的人生历程，你就会发现，这是一首含蓄而绝妙的久别重逢词。

这里，我们采用第一人称吧，这样更为生动些。

据说，陈阿娇因为嫉妒而失宠，被打入了长门宫，从此，长门宫便成了冷落的代名词。而没有你的闺房啊，多么像陈阿娇所住的长门宫，一样的寂寞，一样的凄楚，我只能天天在对你的思念当中度日。

我在每个日头高升前，在每个夜幕降临后，都喜欢倚靠在门窗边呆呆地看着眼前的小径，我在想：什么时候你的身影才会出现呢?

近日，我倒是发现了一桩喜事，那便是春天又到了啊。

你瞧，青草沿着小径一路往前，由我脚下一直延伸到远处浩渺的江波。江边有一棵棵梅树伫立，树上的花儿点缀视野，开得并不十分均匀。有的刚刚处于从花骨朵到怒放的中间状态，好像破了一点的水波，含蓄得正美好；也有的倒是开透了，在柔和的江风中展颜，像娇俏的二八佳人。

我觉得心情甚妙，便取出我珍藏已久的碧云茶，打算独自品尝。

我令婢女整理好茶具，独自一人在江边的凉亭里饮茶。婢女欲替我碾茶，被我拒绝了，这种精细活儿带给我的乐趣，怎能允许婢女占了去呢？

我伸开纤纤玉手，细细研磨开碧云茶饼，茶饼在我白皙的手中碎成了玉沫一样的晶莹之色，我饶有兴味地看着这细腻的色泽，将它们与我手上肌肤的色泽比较了一通，而后有些疑心，我的手怕是还没有茶色好看呢。

这般想着，我赌气地将这玉般的色泽舀入紫砂壶中，倒上一壶热水，静待好茶。

茶的清香顺着江风朝我袭来，浸入我鼻腔的深处，我感觉周身都轻盈了不少。婢女提醒我，闻这味儿，碧云茶怕是能喝了。

她替我托起茶壶，将茶水倒入白瓷杯中。我瞧着这白杯绿水的模样，一时有些愣神，这一愣神，我倒是想起件事，那便是昨夜的那场梦。

那是一个什么样的梦呢？我记得不大分明了，只依稀记得有繁花三千在眼前萦绕，红花绿叶，一派春色好的模样。繁花深处，好像有一个身影静静地站着，他朝我微笑，可我却看不清他的脸。

那人是谁呢？只是一个凭空出现的幻影，还是我那久别未见的夫君呢？

说到他，我可是好久好久没有见到他了，久到我觉得几乎已经过了一个世纪，久到我约莫觉得地久天长想来也不过如此。

他也会如我想念他一样想念着我吗？

无人回答，只有眼前茶盏里的一杯浅茶映着满目的春色，静静地看着我。

我一时有些心烦意乱，端起茶杯，抿了一口，茶面影映的春色好似被惊动般，瞬间散了。清新中带着苦涩的茶水滋润我的唇齿，好像是春色与我融合，但我内心的焦虑并没有因此而散，反倒更盛了。

不，不是焦虑，而是期待。

我举目四望，夜晚将近了，我也该回去了。

一路往回走，路过层层被花影掩盖的门，这些门被花丛围绕，就像我隐秘的心事。

终于回了闺房，我静静地坐在梳妆台前。淡淡的月光透过纱窗，洒在床前的地面上，像一层薄薄的白霜。不知道这幅场景，同太白笔下的“床前明月光”是否有相似之处。

这样好的黄昏，这样美的景致，一直以来都只有我一个人看，真是太可惜了。

怀着这份可惜的心情，我已经度过两年了。在这两年里，我因为思念，始终无法好好欣赏身边的景致，也错过了很多生活中的“小确幸”，对此我是满怀愧疚的。今天，我终于可以放下心来，好好看看美景，享受生活了。

快回来吧，回来了，跟我一起品味春季的美好与温情。

关于这首词的写作时间，有两个说法。一是在婚后第四

年，也就是崇宁四年（1105年）的春天。这一年，李清照二十二岁。

李清照十八岁时嫁给赵明诚，二十岁时赵明诚出外任官，可以确定的是，赵明诚一共在外待了两年，直到李清照二十二岁的时候，赵明诚被授鸿胪少卿，才回了京师。因此，这是赵明诚与李清照在1105年的团聚之作。

第二个说法是，这首词的成词时间在崇宁五年（1106年）的春天。这一年，朝廷解除了党人之禁，李格非等“并令吏部与监庙差遣”（事实上，李格非并没有等到这一天，他早在1105年便已经故去了），李清照才得以回京，与赵明诚团聚。

通过对以上两首词的分析可以看出来，李清照的婚后生活真的没有幸福多久：1101年结婚；1102年，李格非离京，返回祖籍明水；1103年，李清照离京，回明水投奔李格非，而赵明诚则外出做官；1105年，李格非故去，赵明诚归京；1106年，李清照归京，与赵明诚团聚。

如此一看，两人婚后真的是聚少离多，也难怪女词人的笔下多是“思”和“愁”了。

再往后看看，李清照与赵明诚的一生都是聚少离多，可即便是这样的别离，都没能减轻她对他思念的分毫。此心此情，令人感慨良多啊。

第三章 屏居青州

九百多年前，女词人将三个落拓大字悬挂廊檐，那便是她与赵明诚屏居青州十余年的宅子——『归来堂』。

在这里，他给她作画，他为她郑重写下『清丽其词，端庄其品』，他们赏玩字画，他们赌书泼茶……她曾于晚年凄凉时心心念念的亦是这段时光，并哀切写下『甘心老是乡矣』这般的字句。

婚姻于易安来说是什么呢？大约曾经的旖旎情思确实消弭在日常生活中，可那份年少悸动却化作彼此生命的牵绊，永远相随。

人生终须及时行乐

据说，有人针对两宋词人的存词作过一个分析，排名前十的词人分别是：辛弃疾、苏轼、周彦邦、姜夔、秦观、柳永、欧阳修、吴文英、李清照、晏几道。

关于此排名，争议最大的是李清照。

有人觉得李清照太靠前。李清照所存诗词文不多，算上存疑的，总共才七十多篇。同时，她的创作风格也较为少变，对词坛影响甚小，只是因为她代表女子的最高水平，因此才给了她一个“友谊排位”，免得古代文坛太过“阳盛阴衰”。也有人觉得，李清照的排位太靠后，她词作的工巧程度远超前面的几位男性词人，只是因为作为女子她的眼界被限制住了，因此，成果才会被男词人所压制。但这不代表她写不出意境宏大的作品，后期历经沉浮之后，写出的那首豪放健举、突破性别桎梏的《渔家傲》便是明证。更何况，花中自有世界，

叶下亦有菩提，为什么一定以诗的格局大小作为优秀与否的标准呢？于微处见精妙不也是一样的伟大吗？

双方各执一词，互相都说服不了对方。

要说咏梅词，笔者觉得李清照的是最好的。

李清照写过很多咏梅词，根据王仲闻先生的《李清照集校注》统计，专咏梅的就有九首，提及梅的有十一首，加起来总共占了易安词的三分之一之多（专咏梅的占去五分之一）。陈祖美女士也在《李清照作品赏析集》的前言中说过："《漱玉集》中比重最大的是咏梅词，假如把它们依次联章，简直可以构成一部堪与两宋之间的三、四代皇室的兴衰史相始终的作者的心灵的史诗。"

事实上，不仅李清照爱梅，自古文人都爱梅，尤其是宋代。据统计，《全宋词》里专咏花卉之作居前三的分别是：咏梅（1157 首）、咏荷（173 首）、咏桂（172 首）。可见，在宋代文人的眼中，梅属于碾压级别的存在。

李清照的《玉楼春·红梅》在这一千多首咏梅词中属于什么样的存在呢？朱彝尊在《静态居诗话》中的评价最为客观，也是最广为人知的。他说："咏物诗最难工，而梅尤不易。……李易安词：'要来小酌便来休，未必明朝风不起。'皆得此花之神。"

红酥肯放琼苞碎，探著南枝开遍未？不知酝藉几多香，但见包藏无限意。

道人憔悴春窗底，闷损阑干愁不倚。要来小酌便来休，未

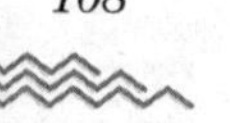

必明朝风不起。

流光容易把人抛，地又盖了白雪，园又开了梅苞。

李清照最近一年的心情实在是不算好，可她也总不忘赏梅。她到老都是如此，在晚年流落江南之后，她依旧不忘“挼尽梅花无好意，赢得满衣清泪”。

是啊，生活总是一地鸡毛，可我们还是要活下去的。人生之路无法预测，但走过这段路的心境却是可以左右的。

今日，满园的梅又开了，点点红梅点缀在白雪中，美丽夺目得好似已经到了春天。这润泽如玉的红梅竟舍得让鲜嫩的梅蕊开放，它难道不担忧它们会被严寒冻坏吗？

这些小家伙们多可爱啊，那些首先怒放的花儿娉娉婷婷地立在花枝上，随着寒风阵阵，在半空中跳着舞，好似探头探脑的小人儿，在窥探南边枝丫的梅花有没有开。

一阵寒风吹来，吹落几片窗沿上的雪花，有冰凌在湛蓝的天空下闪着盈盈的光，即便心情不那么明朗，可生活中的美好，其实一直都在。

她深深地吸了一口气，有幽香灌入她的肺腑深处，她觉得自己都与花香融为了一体。这些细小的花苞啊，它们到底酝酿着多少花香呢，竟然有这般深入灵魂的力量！唉，味道无形无色，是没有办法看到了，但是她可以确定的是，这些花苞包含着的深意，那是无限的。

可不是吗？梅花，毕竟寄托了那么多的情愁啊。那么多人

爱梅、咏梅，梅自然是极美的。可是自己呢？现在的自己还是那个美妙的佳人吗？

窗后的她紧蹙眉头，深深叹了口气，她想到，最近一些友人看到自己，都说自己再不复当年意气风发的模样，反倒是憔悴非常，困顿委靡。

这副模样，定是很不好看吧。这样不好看的自己，他要是看到了，还会喜欢吗？

想到此，她更加的烦闷，连倚栏吟诗的雅兴都没有了。倚栏吟诗的风雅，是心无所忧时的消遣，现在的她，又如何有心情去做这些事情呢？

可愁又能怎样呢？很多事情，都不是她能控制的。生命的旅途，常常不会以我们喜好的方式进行，它有时候“柳暗花明又一村”，有时候却又“物盛而衰，乐极则悲”，它总是以你想象不到的方式进行着，而你对此无可奈何。

既然如此，那不如尽情地去饮酒赏梅吧，喝个够，看个够，再不去管他什么子丑寅卯。谁知道明天会不会又发生什么祸事，也许，就再也无福消受这些美好了呢。

这首词创作于宋崇宁三年（1104 年）的冬天，这一天，距离李清照回到明水已经有一年了。一年时间说长不长，说短也不短，但对于李、赵两家来说，却是刀光剑影的一年。

这一年里，赵挺之的仕途并没有表面上的风光，他与蔡京日益不合，明争暗斗，一不小心就会陷入比李格非更万劫

不复的境地。赵挺之压力很大，自是无暇顾及亲家公李格非，以及那个“为党祸之松紧所左右，时居汴京，时返原籍”的儿媳妇。

李清照在这一年之间总是在汴京以及原籍奔波，一边担忧着父亲的前途，一边惦记着丈夫的行踪，一边还要为自己以及公公操心，过得可谓忧心不已。

李清照嫁给赵明诚之后就没有过过太平日子，越是往后看，越是觉得她的人生悲催无比，可她从来没有任何的怨言，她虽幽怨却不消极，虽柔弱却不软弱，她真的好像一株生在冰天雪地里独自怒放的梅花啊！

彼时，立下“穷遐方绝域，尽天下古文奇字之志”的书呆子赵明诚还要时不时地外出远游。那时不比现在，失去了一个人的行踪，就真的很难找到了。李清照定是时时会产生诸如“他又没回信，是否在哪里遇到意外了”这样的担忧，可你从来看不到她抱怨，她也没有左右他的意愿。

他想“尽天下古文奇字”，她便陪他“尽力传写，浸觉有味，不能自已”；他遇名人书画，三代奇器，不惜“脱衣市易”，她便典当嫁妆，一起犯傻；他因取不出二十万文而与徐熙的《牡丹图》相错过，她便同他“相向惋怅者数日”。

她，多像她笔下的梅花啊：傲然独立，温柔婉约，不惧严寒，娇艳睥睨。

她是一株真正的雪中寒梅。

一种相思，两处闲愁

总的来说，易安的每一首词都有其经典之处，豪放风格的当数《渔家傲·天接云涛连晓雾》，而婉约风格的顶级之作怕要数《一剪梅·红藕香残玉簟秋》了。

红藕香残玉簟秋，轻解罗裳，独上兰舟。云中谁寄锦书来？雁字回时，月满西楼。

花自飘零水自流，一种相思，两处闲愁。此情无计可消除，才下眉头，却上心头。

这首词有多好呢？好到词中任何一句拿出来都足以让人回味半天，比如梁绍壬对“红藕香残玉簟秋”夸赞不已，比如俞彦对“才下眉头，却上心头”念念不忘；好到《月满西楼》《花自飘零水自流》等脱胎于该词的歌曲层出不穷；好到“一种相思，两处闲愁”这句词被一次又一次地当成李清照各种传记的书名而广泛使用。

因此，我们分析这首词便不去讲述过多的旁枝末节以及作者生平了，分析的视角也采取不同于前文的第一、二人称，而是直接采取第三人称，从词本身进行分析吧。

这是一首“相思词”，相思在李清照的笔下占据着极大的分量，她的一生总结起来就五个词：喝酒、赏花、打麻将、思夫、想过往。这个“过往”里，一大半也都被赵明诚占据着。赵明诚对于她来说，可能不仅是夫君和知己，还是她的精神寄托。

关于这首词的创作时间和创作场景，元人伊世珍在《琅嬛记》里认为，是“易安结缡未久，明诚即负笈远游。易安殊不忍别，觅锦帕书《一剪梅》词以送之。”也就是说，赵明诚在婚后带着书出去游历，李清照不忍别离，因此在锦帕上书写了该词赠予赵明诚，期望他能够留下。这个说法看似有理有据，头头是道，因此而影响了很多人，被人视为真相。

可事实上，《琅嬛记》是本伪书，书中所记录之事多为后人臆造的野史，不可信。因此这一说法就有待考证了。而且，王学初在《李清照集校注》中也说：“清照适赵明诚时，两家俱在东京，明诚正为太学生，无负笈远游事。此则所云，显非事实。”

词的前三句“红藕香残玉簟秋，轻解罗裳，独上兰舟”可

说是写得极妙。“玉簟”是精美的竹席，“秋”是名词作动词用。“红藕香残”意为藕变红了，荷花已经衰败了，再也没有了香味，既点明了时间是“已凉天气未寒时”的初秋，又从意境上指出此时李清照内心深处满是寂寥。为什么呢？下一句便开始了含蓄的解答。

女词人穿着轻薄的罗裳，紧蹙着眉头，她孤独地站在小舟前，看着碧野的一片苍茫。一条小舟，安静地停在水面上。

这里颇有种“北方有佳人，绝世而独立”的意境。天高水渺，世界寂寥，满目只有她一个。当然，这个世界不可能只有她一个，这只是她内心世界的一种呈现。你瞧她轻轻解下了罗裳，独自一人上了木兰树制成的小船。然后，人和船一道消失在了浩渺的水面薄雾中。

画面有动有静，一个“解”字颇有挑逗的意味，美又并非不食人间烟火的疏离，倾诉衷肠后暗含的挑逗使整首词鲜活生动，充满着生活的烟火气。

说到“挑逗”，不得不提一下，有说法是“兰舟”特指睡眠的床榻。其实从上下文来说，这个解释更为合适，因为前文写“玉簟”，又写“轻解罗裳”，也就是脱了外衣上床休憩。这里同李清照大部分诗词里描写的场景很像，也是独自一人，辗转反侧的长夜。她总是喜欢这般，深情与无赖并举，女神与女汉子共生。词里的她，个性极其鲜活。

词中表现的画面寂寞、哀愁，并不像柳永《雨霖铃》词所写的“留恋处，兰舟催发，执手相看泪眼，竟无语凝咽”那样一个分别时的场面，而确实是李清照已与夫君分离，在孤独中感物伤秋的情状。

开篇三句便营造了一个颇似《红楼梦》“太虚幻境”的朦胧神秘的意境，可谓起笔不凡，惊了一众文人。梁绍壬称此句有“吞梅嚼雪、不食人间烟火气象”，陈廷焯赞其“精秀特绝”。

当然了，李清照决计不会虎头蛇尾，而是落笔惊风雨，再写动鬼神，下面继续来看上阙的后三句吧。

独上兰舟的她越来越远，她消瘦的身影渐渐消失在烟波浩渺处。就在这时，天边一群大雁排成“人”字的形状自南归来。神思游离的女词人顿时从仙境被拉到了人间，她抬头凝视着雁群，视线随着大雁的方向移动。

自古以来，就有“鸿雁传书”这一说法，大雁南归象征团聚，可她心上的那个人到底什么时候才能回来呢？这一排排的大雁身上，是否有他给自己捎来的书信呢？是否在某阵风吹落的某片叶后，写下过他对她的思念呢？

她这般想着，天色渐渐暗了下来，天上皎洁的月光渐渐浸盈整片大地。

不远处，湖边的一角依偎着一座庭楼，这座廊木结构的楼静静地伫立在月色下，被莹白的月光轻柔地抚摸着，无言地同她在这寂静的天地中对视。

原本以为开篇三句已足够美了，哪知这三句词的美妙程度，又远远超出了前三句。这三句将景与情、物与人美妙地

结合起来，轻吟在舌尖，好似修长的手指于琴键上跳跃，有一种极具张力、韵味的乐感，妙不可言。

唐代诗人李益曾经写过一首《写情》，全诗如下：

水纹珍簟思悠悠，千里佳期一夕休。
从此无心爱良夜，任他明月下西楼。

此二首都写了竹席，写了月光，写了西楼，也同样表达了刻骨的相思。但一个“任”字显然出自男儿的笔下，这种洒脱劲李清照不会有。而李清照的婉约多情，李益也复制不来。因此，即便是一样的物象，细细品来，感情也是完全不同的。

李清照作为古代的女子，每天大门不出，二门不迈，所见所感肯定是少得可怜，生活也几乎都是什么“闺房”“庭院”，见到的多是“海棠”“寒梅”。

可是她的生活并不枯燥，她的生命以及思想极其丰富！

作为一个封建压迫下的女子，她又为何有如此丰富的灵魂呢？答案就是读书读得多。你看她写诗写词，以为她的生活丰富多彩，可实际上，她的生活比你我简单多了，没有什么可艳羡的，连一个简简单单的“瑞脑”香都能在她的诗词中反复出现，因此她的很多意境与物品都是借鉴自前人的所见所闻。可即便这样，这一样的物品都能被她写出不一样的感觉，这一点实在是难能可贵。

下阙开头便是“孤句压艳宋”的一句：花自飘零水自流，

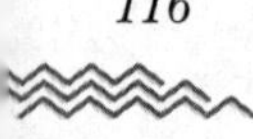

一种相思，两处闲愁。

花，自顾自地飘零着；水，自顾自地流动着。花与水有着自己的路径，过着自己的人生，彼此之间互不干扰，擦肩而过，再无回首。她不禁悲从中来，这花与水的人生从来都是不由自己，它们即便是想在一起，也没有办法，最后，只能一个向东流，一个随着西风飘走。

一种离别的相思陡然在她的内心深处泛起，随着水与花的方向，漂向了两个地方。

有一句话叫作“落花有意，流水无情”。笔者从来没有见到一种分析是将这句话用在此处的，但却莫名地想到了这句俚语。私以为，此处用花与水来写情思，不仅表达了对于人生无法控制的担忧，也渲染了她的愁之深，更有她担忧自己因与夫君聚少离多，逐渐对夫君的心意无法掌控，害怕他纳妾或者变心。

全词最后三句可谓是经典中的经典。

“此情无计可消除，才下眉头，却上心头。”

是啊，她的感情随着花与水，随着风与尘飘向整个世界，将她紧紧缠住，让她几近窒息却无法逃脱。可是这种感情是没有办法消除的，她刚刚说服自己，思念使人愁，不如赏春秋，努力舒展开紧促的眉头，这种感情就无声无息地又隐隐缠绕上了心头。

如前所言，李清照作词喜好借鉴前人的意向，但又自成一家，巧妙至极。王士禛便曾在《花草蒙拾》中指出，李清照

的这三句结尾是从范仲淹的《御街行》中脱胎而来的。原句是“都来此事，眉间心上，无计相回避”。但李词并非低级的模拟，而是高级的点化，使之呈现出了不同于范词的另一番面貌。王士禛自己说了，范句虽为李句的出处，但范仲淹的词平实板直，没有过人的艺术效果，而李清照的词却让人眼前一亮，颇具艺术魅力。李廷机在《草堂诗余评林》里便称此词“语意超逸，令人醒目”。

李清照可真是有一双巧手，一颗七巧玲珑心啊！

李清照是一个很没有安全感的女子，很多人说她豪放，说她恃才傲物，说她堪比男子，可笔者知道，她那些旖旎细腻的情思下，根本不是一个意气风发的人该有的模样，她那明明是一边傲气着，一边又卑微着祈求爱人别离开啊。

对于一个女子，这其实是很正常的。只是，李清照被神化了，因为担着“千古第一才女”的名号，她便被强加上了很多不属于她的光芒，也附加了很多她本没有的盔甲。真实的她，是高傲且脆弱的芦苇，在湖水边荡漾，美得似真似幻，真得如假包换，无奈地随风、随波浮动徜徉。

她就是她，一个受限于时代，只能活在自己的空间，却努力往里延伸，将那片狭小的自我空间开辟、扩大，最后自成一个世界、一片春秋的易安居士。

家族变故

湖上风来波浩渺，秋已暮、红稀香少。水光山色与人亲，说不尽、无穷好。

莲子已成荷叶老，清露洗、蘋花汀草。眠沙鸥鹭不回头，似也恨、人归早。

——《怨王孙·湖上风来波浩渺》

本词写荷花，但不同于“接天莲叶无穷碧”的菡萏初盛时，该词所写就的应该更倾向于“留得残荷听雨声”的意境。不过也没那么凄惨，可能比残荷要好一点，顶多算是老荷。

李清照一共写过三首与荷花有关的词。其一是前一首，“红藕香残玉簟秋”点明时节，一笔带过。另外两首是完全认真地去描写荷花的。

一首是这一首，一首便是她十四岁那年的《如梦令·常记

溪亭日暮》，那也是可考证的，她有生以来所作的第一首词。

很多人分析这首词总要跟那首联系起来，也多半认为这首词是对那首词的衔接。人啊，总是希望凡事能有个圆满，画个句号。

如果说“误入藕花深处”是在人生之路上的流连尽兴，那么“莲子已成荷叶老”便是与荷花的故事的结局了。

果然，易安居士在以后的岁月里，就再也没写过荷花了。

再谈谈写作时间。

据多方考证，这首词写于结婚前后至二十三四岁期间，地点倾向于在汴京，外加衔接《如梦令·常记溪亭日暮》里荷花开放之时的“莲子已成”之日，猜测两次时间相隔未久。笔者梳理了一下在汴京的这个可能性，得出的结论是，这首词的写作时间大概在 1106 年。

这一年，朝廷毁去《元祐党人碑》，继而大赦天下，解除一切党人之禁，李格非等“并令吏部与监庙差遣”，李清照也得以享受恩泽，光明正大地返归汴京与赵明诚团聚。李清照经历了提心吊胆的五年，终于苦尽甘来。但她并不会乐而忘忧，她知道人生步步都是危机，一个不小心就会万劫不复。因此她的喜乐里也隐隐含着担忧。

事实上，她并不是庸人自扰。上面也提过一点李清照婚后的经历：1101 年同赵明诚结婚；1102 年，李格非离京，返回祖籍明水；1103 年，李清照离京，回明水投奔李格非，而赵明诚则外出做官；1104 年，李清照往返于明水与汴京之间；

1105年，李格非去世，赵明诚归京；1106年，李清照归京，与赵明诚团聚。

这是李清照的时间线，看起来并无什么惊涛骇浪，我们再看看赵挺之的时间线。

1102年，李格非黯然离京，赵挺之一路升迁，六月除上书右丞，八月除尚书左丞；1103至1104年，赵挺之与蔡京出现摩擦；1105年暮春，李格非病死，赵挺之始除尚书右仆射兼中书侍郎，六月，与蔡京争权闹矛盾，不得已辞去右仆射；1106年，蔡京罢相，赵挺之复授尚书右仆射兼中书侍郎。

这短短几年，赵挺之虽然因为党派之争暂时得了便利，得以升迁，但某一党派得势之后，党内的争论会立马代替两党之争，并逐渐趋于白热化。而赵挺之便是因为与蔡京争权而数度起伏。

值得一提的是，这里的党派之争已经不是王安石和司马光的新旧党派之争了。新旧党争中司马光的保守派取得了暂时的胜利，但到宋徽宗的时候，蔡京勾结宦官将司马光定为奸党，新党人士也是死的死，流放的流放，新旧党派之争至此算是暂时告一段落。

但事情显然并不会就那么容易的结束。

蔡京早期是王安石变法的坚决拥护者，后来又因为弟弟蔡卞成了王安石的女婿而连升三级，成了中书舍人，蔡京得以借着弟弟的便利，成为朝中大臣。同时，蔡京也是王安石的一名“迷弟”，极其迷恋王安石的学问不说，对王安石推崇的

新法也很有一番研究。

说到这儿，不得不提一个关键性的人物，那便是苏轼。

苏轼早期是一个实在的保守派，也就是说，他跟王安石是对头。虽然，苏轼也不是个完全的保守派，而是认为当前的北宋不适合变法，但苏轼还是被蔡京划到了敌对阵营里。

后来，蔡京搞了个“元祐党人碑”，将与保守派有关的人士全都划了上去，包括司马光、文彦博、苏轼、黄庭坚、秦观等三百零九人，而后将姓名刻石颁布天下。

那么，为什么李格非会受株连，而赵挺之却在这起事件中占得先机呢？这就轮到苏轼上场了。

赵挺之与苏轼有过过节。一开始，赵挺之便大力支持王安石变法，并屡被提拔，苏轼知道后，说他在德州“聚敛小人”，赵挺之得知后很生气，后来得势了也想方设法欲置苏轼于死地。《宋史》记载，赵挺之依附蔡京，排击元佑诸人不遗余力。估计也有一份对苏轼的愤恨在里面，也因此涉及自己的亲家——李格非，无怪乎李清照写诗批评他“炙手可热心可寒”。

还有另一种说法，就是蔡京主动笼络赵挺之，史称“时蔡京独相，帝谋置左右，京力荐之，遂拜尚书右仆射”。而赵挺之对蔡京则有所保留，表面上故意依附蔡京，排击元祐党人，暗中又给元祐党人以庇护，这才是蔡京报复他的理由。

不管如何，赵挺之一路升迁是事实。短短几年内，就由门下侍郎升任至尚书右仆射兼中书侍郎后，成为权势仅次于蔡京的第二宰相。而后，也不知是蔡京“狡兔死走狗烹”，还是赵挺之“得志便猖狂”，总之就是彼此之间的矛盾日益明显，赵挺之在皇帝面前“屡陈其（蔡京）奸恶”，而皇帝也想利用赵挺之来改变蔡京独霸的政局，所以就将赵挺之当枪使，继而才有蔡京的疯狂反击。

有人曾认为“夏商有鉴当深戒，简策汗青今俱在。君不见，当时张说最多机，虽生已被姚崇卖”，也是当时李清照写来提醒公公，防止蔡京打击报复的。

因此，1106 年的易安虽然得以回到汴京与赵明诚团聚，但心境仍旧不那么太平，甚至有些后怕。

接下来，我们走进词中的世界，看看李清照内心深处的安然与害怕吧。

自宋玉“悲秋”以来，文人笔下的秋天总有种难以言喻的萧条，但这首词却不同于以往的伤秋词，而是展示了一幅清新广阔的图画。

李清照起笔便赋予了大自然非同凡响的生命张力。“湖上风来波浩渺”，湖面上有一阵风迎面吹来，吹动了她的裙角，吹散了她的头发，吹得湖面波光粼粼、烟波浩渺。

风，象征着清新、飘逸，脱离尘世的束缚，是每个心陷泥淖的人所期盼的，也代表着我们对超脱俗世束缚的期盼。“波浩渺”，既可以认为是“风来”的结果，又可以认为是对于“风来”之后意境的进一步开阔。

“秋已暮、红稀香少”，通过描写湖中的残荷来点明当前所

处时节是深秋。此句与前一句结合起来，就可以确定是写荷花的了，湖面上的“红”，那只能是荷了。

下一句，作者不说自己伤秋、悲秋，而是傲娇地写下了“水光山色与人亲”之句。同样是依依不舍，不过不是我舍不得你，而是你舍不得我。这句的写法颇像“我见青山多妩媚，料青山见我应如是”。两句都是使无情事物有情化，将景与我交融。

后面的“说不尽、无限好”也因前面的铺垫而言之有据，为好山好水做了一个总结。

下阕起笔就是“莲子已成荷叶老”，既呼应了上阙的“秋已暮”，又隐喻着时光翩跹而过，作者本人已非当年少女了。

表面波澜不惊，内心惊涛万顷，这也是李清照一贯的笔法。接下来，她又收起满腹的心事，将重点放在对眼前美景的描摹上。

朝露点染整片大地，无声无息地洗涤着汀上的水草以及水中的蘋花。这句同样极具生动气息，将朝露拟人化了，为湖上增添了色彩。这一笔法不同于杜甫“随风潜入夜”里难得显露的调皮，而是类似于“润物细无声”更为平和，让人对“她心情不好”这一猜想产生了质疑。

接下来的一句，算是为她有忧的猜想画上了肯定的感叹号。

“眠沙鸥鹭不回头，似也恨、人归早。”眼前有水鸟伏在沙滩上休憩，无论她怎么祈盼，这些小家伙也没有回过头来看她一眼。它们好像在怨恨，怨恨什么呢？怕是在怨恨人们归去的太早吧。

这句直接点明了“恨”，难道真的是沙鸥在怨恨吗？显然不是的。前文一直隐去了人的行为，化静止的景物为主动，这一句显然也是这样的写法，从沙鸥的嘴里说出“恨”字，其实，是女词人自己在怨恨。

如此，这首词的真实情感走向才算是窥得一斑，那便是作者虽然此刻有闲情逸致观赏美景，但依旧是如惊弓之鸟般，内心充满忐忑，她不知道，不知道何时动荡会再次降临，也不知道什么时候一家人的命运会被再度改写。

说到底，乱世里的人，又有几个不像那湖面的浮萍呢？

全词多用拟人手法，丝毫不亚于王维的“野老与人争席罢，海鸥何事更相疑”、秦观的“过尽行人都不起，忽闻冰响一齐飞”，甚至李璟的“菡萏香销翠叶残，西风愁起绿波间，还与韶光共憔悴，不堪看”。

其中，李璟的词多被用来与李清照的这首词作比，用词方面确实多有相似之处，但词的情调却迥然不同。

王国维在《人间词话》里评李璟的词是“大有众芳芜秽，美人迟暮之感”，意为全词的情绪低沉、悲观、消极，却对更为高明的易安词不屑一顾，也算是在文学史上留下了其略为不解风情的一面。当然，李清照也曾经点评过这首词，说李璟“尚文雅，故有‘小楼吹彻玉笙寒’‘吹皱一池春水’之词，语虽奇甚，所谓亡国之音哀以思也”，果是一语中的矣。

李清照虽为女子，生活中也几多不顺，但她从来都不颓废、低迷，也不怨天尤人，她伤归伤却从未丢失过生活的情趣。苏轼曾经评价王维的诗和画："味摩诘之诗，诗中有画；观摩诘之画，画中有诗。"笔者认为，李清照的这首词也同样达到了这样的境界。

最后，这两首前后相互呼应的荷花词表征着女词人不一样的心态，颇让人回味感伤，这让笔者想到了北宋的另一位奇女子，那便是与朱熹有过纠葛（非感情纠葛）的一代名妓——严蕊。

篇幅原因，不作细谈，但严蕊前后期的两首词却是值得附上来，观摩一番的。

早年名声大噪时，严蕊写过一阕《如梦令》："道是梨花不是。道是杏花不是。白白与红红，别是东风情味。曾记，曾记，人在武陵微醉。"

后期经历牢狱之灾，看遍红尘之后，又填了一阕《卜算子》："不是爱风尘，似被前缘误。花落花开自有时，总赖东君主。去也终须去，住也如何住？若得山花插满头，莫问奴归处！"

这两首词与易安词多有相似，严蕊或是李清照的忠实粉丝。这个粉丝同样是个优秀的学生，所赋二词比易安词更为简单，但风韵以及余味，倒也不差于易安词。

流落“归来堂”

李清照的咏桂词一共有三首，分别是《摊破浣溪沙·揉破黄金万点轻》《鹧鸪天·暗淡轻黄体性柔》以及《摊破浣溪沙·病起萧萧两鬓华》。其中，最后一首是南渡之后的晚期之作，而前两首所作时间较为接近，一般认为是与赵明诚屏居青州时所作。

揉破黄金万点轻，剪成碧玉叶层层。风度精神如彦辅，太鲜明。

梅蕊重重何俗甚，丁香千结苦粗生。熏透愁人千里梦，却无情。

（轻 一作：明；太 一作：大）

——《摊破浣溪沙·揉破黄金万点轻》

暗淡轻黄体性柔，情疏迹远只香留。何须浅碧深红色，自是花中第一流。

梅定妒，菊应羞，画阑开处冠中秋。骚人可煞无情思，何事当年不见收。

（深 一作：轻）

（阑 通：栏）

——《鹧鸪天·暗淡轻黄体性柔》

在分析这两首词之前，我们接着来谈赵挺之。

大观元年（1107 年），蔡京再次复相，在蔡京的排挤之下，三月，赵挺之被罢相，改任“观文殿大学士、中太一宫使”这一闲职，但他在刚刚上任的第五天，便莫名其妙地病死了。

至于是否真的是病死，我们早已不得而知。但可以确定的是，在赵挺之死后的第三天，蔡京便进一步迫害赵家，给赵挺之安上各种“莫须有”的罪名。同时，在蔡京的授意下，“开封府捕（赵家）亲戚使臣之在京师，送制狱穷究”。也就是说，赵家的家属、亲戚只要是在汴京的男丁几乎都被捕入狱，其中当然也包括赵明诚。

同年七月，因无犯罪事实，这些被捕的家属得以获释，但赵挺之的被赠官追封的权利却被剥夺，赵明诚的封荫之官也因此而丢失。赵家再难以继续留居京师，逐一被驱逐回原籍。

还有一个说法是，赵明诚并非一定要回原籍，这一选择是

李清照据理力争的结果。为什么呢？个中原因就得牵扯到中国式家庭中无法避免的、老生常谈的问题——婆媳关系了。

赵挺之祖籍在密州，早年徙家至青州，营建了可称壮观的“私第”，同时娶了青州郭氏女为妻。

传言，李清照这位郭姓婆婆非常不满李清照过强的个性，此外李清照嫁入赵府已经有六年了，却无所出，这在古代可以说是大逆不道的过错。李清照的个性自然不会对婆婆示弱，可孩子也不是说想要就能有的，再加上赵家遇到的这些事情，分开住是最正确不过的选择。

当年赵挺之举家搬到位于汴京府司巷那座皇上赐予的府第之后，“青州私第”便一直闲置着。李清照得知后就此离京，与赵明诚开始了“屏居乡里”的十年。

在前一首词里，我们重点分析了易安居士的患得患失，在这首词里，我们证明了这种居安思危并不是自寻烦恼，而是一种极其明智的担忧。

同样，此刻笔者也要说，赵家倒台、婆媳关系糟糕、李清照远走，也并不一定是多么悲惨的结局，或许这是另一段新生也说不定。

由此，笔者想感慨一句，人生的大起大落真的没必要太看重，重要的是走过一段人生旅途时，你眼里的风景与你脸上的笑容，毕竟除了这个，一切都可以不属于你。

早期的李清照是否有这种心态笔者不是十分确定，但此刻与夫君“屏居乡里”的她一定已经具备了这一心态。

李清照收拾好行囊，看着眼前这一亩三分地，几处安然宅，想起了一个人。那便是她极为赞赏的，与爹爹李格非同以党籍罢官后归隐的晁补之。

晁补之归隐后自号“归来子”，并在故乡缗城（今山东金乡）修“归去来园”，园中的堂、亭、轩皆以《归去来兮辞》中的词语命名。

李清照向来尊敬这位晁叔叔，因而也模仿他。

后来，女词人便采陶渊明的《归去来兮辞》之意，替她的安居之处取名为“归来堂”，又取“审容膝之易安”之意，为内室命名“易安室”。

此后，李清照“易安居士”的称号便一直跟随着她，哪怕南渡之后她早已远离“易安室”，哪怕彼时青州旧宅也早就被毁，她仍一如以往地以“易安居士”自称。由此，“易安”也不再是一室，而成了一种精神、一种风骨，它有了自己的魂，并给予李清照在战乱纷飞的岁月里以安然心态度过的力量。

李清照定然是难以忘却这屏居乡里的生活的，除了心境上的满足，更多的是这几年是她与赵明诚真正意义上相伴的几年。

有人对赵明诚是否同李清照一同在青州表示疑惑，也有人对于李清照在青州生活的真正时间表示怀疑。此处，笔者略作解释。

李清照曾于《〈金石录〉后序》中说了“屏居乡里十年”。“屏居”的意思是“隐居”，一般认为是为官者退隐不仕。北宋时期，官场上尚无女性为官的记载，所以，“屏居十年”也就断然不是指的李清照，而应该是专指赵明诚。赵明诚入狱前，曾任鸿胪少卿一职。如此说来，也就可以肯定，赵明诚与李清照一起在青州住了十年。但又有另一些研究史料证明，李清照在青州生活的足迹有足足二十年，而不是《〈金石录〉后序》里的“十年”。到底哪个是正确的呢？其实，我们分开来就有答案了。事情的真相是，十年后，赵明诚再次做官，而李清照依旧留在青州。

至于原因，容后再谈吧。那又是另一种心境，另一段故事了。

现在，我们只谈青州，只谈闲情，只谈桂花。

两首分开赏析，我们先看前一首。

那时候，李清照刚刚来青州不久，她收拾好了行囊，伏在窗前看着眼前的一切。

这里，多像魏晋名士居住的地方啊，杨柳依依、白云悠悠，这里不就是女词人梦寐以求的世外桃源吗？如此看来，也许先前所经历的一切波折都是为了与它的相遇。

一阵风吹来，带来一股清新的花香，直抵她的心底。这是什么味道呢？想她赏过如此多的花，却从未与这种香味相遇过。她循着眼前的景致寻找起来，但见小桥流水、袅袅炊烟，几株树郁郁葱葱的，就是不见姹紫嫣红的花事。

没有花，怎会有如此的芬芳呢？

她或许问了一旁整理书册的夫婿，夫婿停下手中的动作，

从书桌前走来，下意识地擦拭额头细密的汗珠。这时恰有一阵风起，花香再度袭来，男子不经意间迷了眼，先前微皱的眉头也略有舒展。

记忆中这些年在汴京的纷纷扰扰，在曲径通幽处一路往前，终于抵达童年栖居此处时的零落记忆。

犹记那时，他还小，父亲并没有经历那些刀光剑影，母亲也还是温柔贤淑的年轻女子，一切都与现在截然不同。他在母亲的注视下，在父亲的帮扶中，亲手栽上了一株幼苗，那株幼苗叫作月桂。

他听说它会开花，花香袭人，可传万里，可他并未等得及花开便走了，从此，再无相遇。

难道，这便是那月桂的香？

他还未来得及确定自己的答案，他那如脱缰之马、脱笼之鸟的妻子便欢快地朝着一株树走了过去，只见她探头到绿叶深处，久久不舍出来。

原来啊，这躲在像被刀裁似的层层绿叶背后的金光灿烂之物，便是这漫天香气的来源啊！这些小家伙如此不夺人眼球，低调怒放的“风度精神”可真像晋代名士彦辅一样风流飘逸啊！

彦辅是西晋末年人，被后人称为“中朝名士”。据史传记载：彦辅为人“神姿朗彻”“性冲约”“寡嗜欲”，被时人誉为“此人之水镜也，见之莹然，若披云雾而青天也”，以此表征彦辅的风流倜傥。

李清照对彦辅推崇有加，全因惺惺相惜。北宋末期，腐朽气息渐重，与彦辅所处西晋末年一样。而彦辅能在“世道多虞，朝章紊乱”之际，做到“清己中立，任诚保素”，是相当不容易的。无疑，这也是她所信奉的处世原则。

接下来，以梅、丁香作比，更衬托出月桂的高贵不凡。

有什么花可以跟它们相比呢？就算是她先前喜好的梅花怕也是不能的吧。梅花太过于注重外形了，它的花瓣重重叠叠，就像一个只会过度装扮的女子一样不免有些俗气。而丁香花全都簇拥在一起，一点儿也不舒展。它们哪里能跟月桂比呢？

连她最为推崇的梅花也不能同月桂比，那么，自然不会有别的花能够比得上。

她同夫婿陷入这月桂营造出的芬芳意境，忘了周遭，忘了一切，从故人和过去的梦中清醒过来，只一味沉浸在花香的世界里。

“你们这些调皮的小精灵啊，我如此倾心于你们的高雅脱俗，你们却以沁人的馥香惊扰了我这个思念故人的人，这未免也太无情了吧。”

结尾是一种明贬实褒的赞美，将整首小令的调子提到最高，而后戛然而止，惹人回味无穷。

在《鹧鸪天·暗淡轻黄体性柔》这首词里，李清照直接夸桂花“自是花中第一流”，这在易安笔下，可是从未有过的殊荣。

接下来，我们就看看这一首吧。

桂花为淡黄色的小花，颜色并不鲜艳，甚至有些暗，她的姿态也不如旁的花那般摄人夺目，而是轻盈细小、似有若无。再加上桂花又不喜好争妍斗艳，而是默默地躲在幽静之处，从不主动夺人眼球。因此，桂花可以说是丝毫不起眼的存在。

可就是这样一种几乎没有存在感的花朵，却能够绽放出这世间最美妙、最宏大、最幽深、最直达人心的香气，这得是多么难得啊！这小小的花身，到底蕴藏着多么巨大的力量呢？

有了这样惊天动地的香气，桂花有没有名花的红碧颜色其实已经不重要了，如她这般色淡香浓，可不就是追求丰富内心的名士选择吗？

删繁就简，这不也是我所追求的生活方式吗？到底繁华一梦的生活过后，生命中还能留下什么呢？而目前这种简单的生活，才是内心真正富足的时候吧。

这样的生活，这样的桂花，理应是最好的。

和桂花相比，梅花想来也是要嫉妒的，菊花也应该是羞愧的。是啊，桂花如此之香浓，如此之低调，如那高洁的隐士君子，如果她不是秋天的百花之首，又有哪种花敢说是呢？

只是可惜，屈原太不了解桂花了，不然，他在《离骚》中赞美了那么多的花，为什么独独没有提到桂花呢？

陈与义的《清平乐·木犀》中有一句“楚人未识孤妍，《离骚》遗恨千年”，责怪屈原没有给予桂花应得的评价，为

桂花抱屈。此处，易安居士取其意而用之，以极其直抒胸臆的写法给予了桂花应得的赞美。

不知道诸君发现没有，易安的这首词虽然不算是完全意义上的豪放派文风，但是写法非常大胆放纵，感情也再不遮遮掩掩，有一种全然释放的洒脱与自在。想来，与赵明诚隐居之后的易安，必是十分满足与自得的。

岌岌可危的婚姻

前面说了，赵明诚与李清照在青州居住了十年，这十年里，夫妻过着淡若水的平静生活，那种独属古代文人的安逸与满足，我们即便是隔着数百年的历史时空也依旧是可以感觉到的。

四印斋刻的《漱玉词》上有一副李清照的画像，画像题为“易安居士三十一岁之照”，后一页有赵明诚的题字：“清丽其词，端庄其品，归去来兮，真堪偕隐。”

很多人认为这是伪造的，原因如下：一、衣服不像宋人；二、将画像称作“照”，宋人无此例；三、1114年赵、李应在青州而非诸城。

有人对此三点一一进行了否定，并且将赵明诚留存的墨迹与《画像》题词墨迹作了比较，得出的结论是：字形结构与运笔都甚相似，因此，此文题词确为赵明诚手迹。

其实，是与不是已然不那么重要了，即便真的是伪造的又如何，至少李清照与赵明诚屏居青州十年过得甚为安然是一个公认的事实。

彼时，李清照年少时的小女子情怀被激发，重新开始了恋爱之时才有的患得患失的心态。

这首《临江仙·梅》，笔者认为是小女子情态的最佳写照。

欧阳公作《蝶恋花》，有“深深深几许”之句，予酷爱之。用其语作“庭院深深”数阕，其声即旧《临江仙》也。

庭院深深深几许，云窗雾阁春迟。为谁憔悴损芳姿，夜来清梦好，应是发南枝。

玉瘦檀轻无限恨，南楼羌管休吹。浓香吹尽有谁知，暖风迟日也，别到杏花肥。

眼前的庭院一层又一层，深不见底，偌大的院子，寂静无声，连落叶坠地的声音都能在耳畔回荡许久，更显孤寂。

时节临冬，天色将暗，天边的云彩下沉好似簇拥在阁楼的窗边，再加上夜色初下的薄雾淡淡地弥漫在庭院四野，李清照的情绪愈发低落了。她有些失落，为什么春天还不来呢？为什么他还不回来呢？

“他在外面干什么呢？是为了自己的前途四处奔波吗？他有想过，我因为思念他而容颜憔悴吗？”

她幽幽叹了口气，想有什么用呢，再想，他也不会突然回来。想要见到他，恐怕是要去梦里的吧。在梦里同他欢好，

在梦里与他一道赏梅。

以往如此普通的事情，而今看来都成了奢望。

她看着眼前风姿绰约、瘦削清雅的寒梅，耳畔又隐隐传来南楼的羌笛声，这曲调节奏哀怨，听得人越发烦闷了。

她伸出纤纤玉手，想随手摘下一朵梅花，像年少时那般闻上一闻，也许，闻的时候，他正好回来呢，正好看到如此风流雅致的自己。

可她伸出的手未及有所动作便停了，她看到了被风簌簌吹落的梅瓣。这是她最爱的花啊，这些花，她曾经多少次地用来自比啊，而今，花被吹落，她也久久等不到他的消息，好似被他遗忘。这让她的担忧，怎能不更增一分呢？

“春日的暖风啊，我后悔了，你们别那么快来，慢些来吧，让梅花再绽放些时日吧，我一点儿都不想梅花被取代，我一点儿都不想看到怒放的杏花开放于墙头。我一点儿都不想我的夫君看到另一种春景，见识另一种柔情，相伴另一位佳人。他，会忘了我吗？他，会心有二意吗？”

好了，词分析完了，有没有觉得很奇怪，为什么李清照跟赵明诚在青州住得好好的，要写这种词呢？

什么叫“这种词”呢？就是有一种隐喻的暗示，甚至有些“羞人”的味道。有人猜测，正是因为曾慥认为此首不雅，《乐府雅词》才未收录这首词。与曾慥同时代的王灼也来一唱一和，甚至在《碧鸡漫志》里说她“无所羞畏”，进而否定此词

是易安所作。

这首词为易安所作其实是不用怀疑的，《草堂诗余》里记载李清照另一首《临江仙》的时候曾经加上过李清照的自序：“欧阳公作《蝶恋花》，有‘深深深几许’之句，予酷爱之。用其语作‘庭院深深’，数阕，其声即《临江仙》也。”

这里便说了，李清照曾经作下过数阕《临江仙》，这一阕与那一首的起处相同，显然也是李清照作的，没什么值得怀疑的。

再回到这首词来，李清照为什么在词中用梅花、杏花作比，还流露出一些甚至是明显诱惑的暗示来呢？

因为他们的平静生活遇到了危机。什么危机呢？

从遗存的文献看来，赵明诚在“靖康之难”发生之前有过两次出仕经历，一次是莱州太史，还有一次是淄州知州。这两次的入仕应该也不是天上掉馅饼白来的，而是压制赵家的蔡京眷宠日薄，赵明诚方寻得机会主动争取的结果。

由此，便可推断，赵明诚跟李清照在青州并没有安分太久，其间应该离家很多次，寻找各种途径以求谋得一个官职。

李清照应该是知道赵明诚的心意，因此才充满了不安全感。当然，让她更不安的是赵明诚开始嫌弃她了，嫌弃她什么呢？自然是无所出。

所以，才有那一句“别到杏花肥”。

春风啊，你慢点儿到啊，别让杏花过早地开放，别让红杏真的出墙来啊。

两地分居

暖雨晴风初破冻，柳眼梅腮，已觉春心动。酒意诗情谁与共？泪融残粉花钿重。

乍试夹衫金缕缝，山枕斜欹，枕损钗头凤。独抱浓愁无好梦，夜阑犹剪灯花弄。

——《蝶恋花·暖雨晴风初破冻》

这首词也是一首伤春、闺情词，不同于上首词的冬末时节，此时春天已然来临了。

这首词的确切时间已无从考证，但有人认为，该词作于赵明诚闲居故里数十年后重新出仕，而李清照仍独自留居青州之时。

前文说了，赵明诚在青州的时候，并未放弃入仕的想法。虽无法确定他的具体行为，但依稀可以推断出赵明诚为了重新入仕应该是下了不少功夫的，后来他担任莱州太史，要前往莱州，而李清照因为不舍青州，便继续留在青州生活。

李清照无法离开青州除却舍不得“归来堂”的缘故，还有另一个很重要的原因，那便是李清照要留在青州守着他们这十几年来收集的各类金石、字画和古玩。

对于赵明诚这个人，有一点是非常让人佩服的，那便是他的“痴”，尤其是在做学问上。

关于赵明诚狂热迷恋金石、古玩、字画的故事有很多，广为流传的就有两个。

其一，他在市集上遇到一位有名人书画和三代奇器的神人，他特别想要这人手中的字画和奇器，但并没有带钱。那人看到他在身上摸了半天都摸不出一个铜板的窘样就想走。赵明诚急了，赶紧将身上衣服脱下来，塞到那人手里，说：“我这衣服值点钱，你先拿着，但你别走，等我回去拿了钱，再来跟你买，成吗？”而后，赵明诚便跑回家拿钱了，也不管旁人诧异的眼光。这可不是胡诌，也非后人杜撰，这是李清照亲自写在《〈金石录〉后序》里的。

其二，说是有一次，有人拿了一幅南唐画家徐熙的《牡丹图》求售，标价二十万文。赵、李二人非常喜欢，虽然想买，但二人心知买不起，因此便选择了“不求天长地久，但求曾经拥有”，借口说先拿回去过两日让那人过来拿钱，夫妇二人便趁机拿着宝画在家中玩赏了两夜，爱不释手。后来等人家讨上门来的时候，才只好恋恋不舍地归还了人家。为此，“夫

妇相向惋怅者数日”。

赵明诚竭尽全力去搜集古玩、字画、金石。这些古董在宋代非常值钱，北宋人极其尚文，这些艺术品在当时绝对是有市无价。

对于这些珍宝，赵明诚是一万个放心不下，留下李清照整日整夜地守护是很正常的。可这样，就苦了李清照了。

春天还是来了。

就算李清照再担忧春的到来会减少常人对于梅花的喜爱，可这一切还是不可避免地发生了。

她静静地站在小道边，等在木窗旁，一如往常。等谁呢？自然是等她笔下出现过千千万万次的那个他。

迎面拂来暖暖的春风，雨也暖暖的，柳叶长出来了，寒梅依旧怒放，一切看似那么美好，充满生机。

可还是有不足的，她眉间眼梢浓愁未解。一个人如果不开心，再美的春色都只会徒增她的忧伤；而一个人如果开心了，哪怕是雨天，她的心境也是晴朗的。她的不开心，是因为她心心念念的郎君。没有他，再美好的诗、再美味的酒也无人共赏，都失了韵味。

她想着想着，泪水便流下了脸颊，弄残了脸上的香粉。几许狼狈，几分落寞，几多招人爱怜。

她穿着金丝缝成的夹衫，美得无与伦比，可她的心思全不在衣服上面。女为悦己者容，无人欣赏的美貌又算什么美貌呢？但见她转身离开，徒留身后一地落寞的春色，而后面无表情地将头斜靠在闺房的枕头上，把头上的钗儿压坏了，她也全然不顾。她在想什么呢？是同他的开心事，还是与他的伤心史呢？

她辗转反侧，许久不曾入眠。孤单的愁思太浓，又怎能做得好梦呢？

她无奈地起身，在深夜里，呵手剪弄着灯花，想着巴山夜雨的佳话，想着心里的那个他。

全词可说是充斥着默默衷情朝谁诉的深情凄婉，让人不忍卒读。

其实，诉衷肠的话写多了是好事。这并非是女词人虚情假意地为赋词强说愁，而是有的情感是需要慢慢酝酿的，一旦发酵过多，就如盖在土下的绝世佳酿，待一打开草藤编就的酒盖，香气便会迅速散尽，而后只剩白水一瓶。感情可以放在心底，一丝一缕，细琢慢咽，你可以看你的书，过你的日子，顺便再想想他，在岁月蒸腾中实现自我价值的提升，而不是将所有的重心都放在那个人身上。

一旦过于专注，必然难承其重，而生活，也不全然都是你侬我侬。

爱情的裂缝

草际鸣蛩，惊落梧桐，正人间、天上愁浓。云阶月地，关锁千重。纵浮槎来，浮槎去，不相逢。

星桥鹊驾，经年才见，想离情、别恨难穷。牵牛织女，莫是离中。甚霎儿晴，霎儿雨，霎儿风。

——《行香子·七夕》

这是一首双曲小令，在《历代诗余》中被题作《行香子·七夕》，也有作《行香子·草际鸣蛩》的。全词以托事言情的手法，通过对牛郎织女悲剧故事的描述，形象地表达了词人郁积于心的离愁别恨。

关于这首词，很多人认为是建炎三年（1129 年）写于池阳的。彼时，赵明诚刚刚罢守江宁，五月到了池阳，还没安顿下来又被任命为湖州知州。至于李清照为什么没有跟随而去，自然又是因为那一堆金石、文物。

之后，赵明诚便乘着小舟走了，并再也没有回来。而李清照独自一人暂时住在池阳，举目无亲，倍觉凄凉地度过了数月。在七月七日这一天，她看着天上的迢迢星河，想到了牛郎织女。传说中的牛郎和织女即便是常年两地分离，在今夜也是能聚首的，可是她的夫君却是连今日都无法得见，她只能一个人孤单地度过，内心深处的凄凉是可想而知。

如此解释倒也说得通。

也有人认为，不是在这一年。

因为李清照的诗词在1129年之后得到了一个大爆发，《临江仙·庭院深深深几许》《菩萨蛮·风柔日薄春犹早》《孤雁儿·藤床纸帐朝眠起》《南歌子·天上星河转》《添字采桑子·窗前谁种芭蕉树》《好事近·风定落花深》《渔家傲·天接云涛连晓雾》都写于这一阶段。

既有喷涌而出的感情，自然是有翻天覆地的故事。

什么故事呢？就是赵明诚在这一年的八月去世了。去世之后，所有与他的故事都画上了句号，巨大的喷薄而出的悲痛情感导致她很少再写什么隐喻之类的诗词，彼时一字一句，皆是泣诉。而这首词借牵牛织女来诉离情，自然不会写于那之后。

再往前，赵明诚于1117年，在李清照的帮助下，大体完成了《金石录》的写作，后来重新去莱州做了太守。也不知是耐不住寂寞，还是多年的相处终于使得夫妻二人的爱情成了亲情，反正早已中年的赵明诚一经出仕便纳了妾。心高气傲的易安居士也不会在这时候写情诗给夫君，难道让那个叫作“云”的小妾看笑话吗？

所以，该词的写作时间也可能是在上面两首词之后，屏居青州的十三年内。

“归来堂”很美好，安静地像一处真正的世外桃源，李清照居住在这里自然是不会有什么怨言的。可要说遗憾，总归还是有的。

她踱步至屋内的书柜上，取下一本诗集，随意翻开那卷泛黄的《古诗十九首》：“迢迢牵牛星，皎皎河汉女。纤纤擢素手，札札弄机杼。终日不成章，泣涕零如雨。河汉清且浅，相去复几许？盈盈一水间，脉脉不得语。”

诗如一幅画慢慢打开，而后，呈现出一卷夜凉如水的凄美画卷。

女词人呆呆地看着，蓦然想起了南北朝时代，有一个叫作任昉的人在《述异记》里作过这么一段记录：“大河之东，有美女丽人，乃天帝之子，机杼女工，年年劳役，织成云雾绢缣之衣，辛苦殊无欢悦，容貌不暇整理，天帝怜其独处，嫁与河西牵牛为妻，自此即废织纴之功，贪欢不归。帝怒，责归河东，一年一度相会。”

因为与夫君日日欢好，不愿回到天庭，而被天帝惩罚。

会有人认为织女活该吗？可如果是李清照自己，怕也是不会做得比织女更好吧。如果能日日和心爱的人在一起，谁又会不愿意呢？

幽凄的蟋蟀叫声在草丛中响起，一阵一阵，经久不绝。“归来堂”外有一株先前同他一起种的梧桐树。此时，梧桐叶簌簌落下，好似是被这蟋蟀鸣叫之声所惊动才掉落的。

她放下《古诗十九首》，走出门外，天色一片昏暗，阔达、神秘、浩渺，也不知这黑暗后蕴藏着多少愁思、多少浓情、多少故事。

她由眼前之景，联想到人间天上的愁浓时节。半晌，才想起，今日不正好就是七夕，牛郎织女相遇的日子吗？

她想到了那些古老神秘的传说，想到了在云阶月地的星空中，有牛郎和织女被千重关锁所阻隔而无法相会。

《博物志》里记载过一件事，说是天河与海可通，每年八月有浮槎，来往从不失期。有人矢志要上天宫，带了许多吃食浮槎而往，航行十数天竟到达了天河。此人看到牛郎在河边饮牛，织女却在很遥远的天宫中。

如此，这个传说竟然是真的。这可真令人伤心啊，牛郎和织女一年竟然只有一天的相会之期，其余时光则如浩渺星河中的浮槎，游来荡去，终不得相会聚首。不能与心上人相聚，这样的人生又有什么意义呢？

她仰头看了眼浩瀚的星空，明月斜斜地挂在天边，却不见鹊桥搭就，甚至连一只喜鹊都没有，更别说牛郎与织女了。

牛郎与织女是否还在离别中，依旧没有相聚呢？

或许，乌鹊已将星桥搭起了，只是牛郎、织女有事耽误了，还没有过来而已吧。

有什么会耽搁他们的相见呢？她仰头看了半天，一年一度的相遇，又怎会因为一些琐事而迟到呢？要是她，就不会啊。

她这般想着，雨丝飘下，落在她的面颊上，冰凉冰凉的，

像夜空中的痴人落下的清泪。

她愣怔地抬头，月亮不知何时已被云朵覆盖，间或有雨丝落下。

这天气阴晴不定，忽风忽雨，莫不是，牛郎织女就是被这天气阻碍了吧。

全词中，女词人没有流露出一丁点思念夫君的意思，但都在写相思，借对牛郎织女相遇的担忧，写对与他重逢的企盼。

隐而不露，浓而不发，像一股幽幽的清风，带着点点的缠绵，这缠绵在风拂过你发丝的时候渗透些许至你眉眼深处，彼时，你方可感受到一点点李清照话里的意思。

牛郎织女向来是一个创作很广的题材。杜牧写过“天阶夜色凉如水，卧看牵牛织女星。”韩鄂写过“织女七夕当渡河，使鹊为桥。”连《史记》也不吝给予一笔记载：“牵牛为牺牲，其北织女，织女，天女孙也。”此外，曹丕在《燕歌行》里写道：“牵牛织女遥相望。”曹植就在《九咏》里写道：“牵牛为夫，织女为妇。织女、牵牛之星各处一旁，七月七日得一会同矣。”

这些人有的借传说诉衷肠，有的只是单纯附庸。但不可否认的是，牛郎织女传说自古以来，代表了人民很深的期盼，有对浩瀚星河的探索，有对美好爱情的希冀，也有对于求而不得的怜惜。

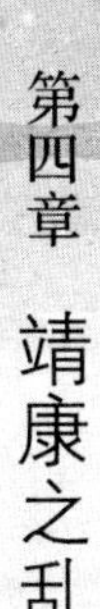

第四章 靖康之乱

李清照不是生下来就是一位爱国女词人，她是先成了一位女词人，尔后再成为一位爱国女词人的。

当铁蹄踏破山河，当族人争相逃窜，当历史上最让人哀痛的『靖康之耻』发生在眼前，李清照内心深处浓浓的爱国主义情怀伴随着涛涛江水席卷而来，化作彼时最震耳发聩的呼喊！

在国仇家恨面前，从来没有性别之分。

一个人的等待

为什么李清照与赵明诚在青州屏居的十三年内，仍旧会写很多的相思词呢？就算赵明诚为了仕途奔走呼号，也不至于如此频繁地诉说相思情啊，连牛郎织女都扯出来了。

事实上，真不怪李清照。

赵明诚是个文艺青年，同样也是个沉迷于金石字画的痴人。

据可以考证的记载，赵明诚从大观二年(1108年)至宣和三年(1121年)曾四游仰天山，三访灵岩寺，一登泰山顶。大观二年(1108年)至宣和三年(1121年)，他同李清照正在青州隐居。赵明诚当然不是去游玩了，而是为了编纂《金石录》。

《金石录》有多牛呢？俗话说，不怕不识货，就怕货比货。咱们来找个对比吧。

欧阳修编纂了一部《集古录》，这是现存最早的金石学著作，可谓是该项学问的开山之作。而相较于欧阳修的《集古

录》，赵明诚的《金石录》规模更大、更有研究价值。

《金石录》里所收藏的金石拓本，上起三代下至隋唐五代，一共有两千余种。全书共三十卷，辩证了当时能找到的大部分钟鼎彝器铭文款识和碑铭墓志石刻文字，同时对《旧唐书》《新唐书》多作订正，给予了独具卓识的评论，是研究古代金石刻的必读之书。

有人会说：金石是什么，研究它有什么意思？金，钟鼎也；石，丰碑也。《吕氏春秋·求人》云："功绩铭乎金石，著于盘盂。"也就是说，金石是镌刻古代的一些大事以及丰功伟绩留下的凭证。

其实，早在《墨子·兼爱下》里，墨子就曾明确地写过，"以其所书于竹帛，镂于金石，琢于盘盂，传遗后世子孙者知之。"《浯溪中兴颂诗和张文潜二首》起源就是金石，叫作"大唐中兴碑"，用来记录打败安禄山之"丰功伟绩"，还被李清照嘲笑了一番。

赵明诚和李清照所做的事情类似于考古，跟民国的林徽因、梁思成这一对夫妻所做的事有异曲同工之妙。虽然研究的方向不太一样，一个是碑石，一个是建筑，但用意都是追溯过往，寻访人类更悠久的历史。

据说，赵明诚每到一个地方，都要拓片，获得大量的碑文资料，用以研究。他和李清照的分工很可能是：赵明诚搜集资料，李清照储存资料以及整理书册。这也是李清照与赵明诚长期两地分居的根本原因，都是为了心中的理想以及信念啊！

《念奴娇·春情》这首词的创作背景如上所述，作下这首词的时间是政和六年（1116年），李清照三十三岁这一年。

这年三月初四，赵明诚再度背上行囊，去了距青州约一百七十里的名刹灵严寺。此前，他已经去过两次了，收获不大。这次，他一听说在灵岩寺里又发现了新的金石文物，便眼前一亮，毫不犹豫地前往。

李清照看着夫君离去的背影，想任性地让他别去，世道那么乱，谁知道一时的分开是不是就是永恒呢。可是她不能，她深明大义，夫君的离她而去是为了正经事，她又如何能干预呢？更何况，她的爱国之心，爱史之情可一点儿都不比他差啊。

李清照看着满满一屋子的金石文物，想着这些文物上有夫君的提问，辗转反侧，却无可奈何，断肠心事难寄托，终于在满怀思念之时酝酿出了这首《念奴娇·春情》。

萧条庭院，又斜风细雨，重门须闭。宠柳娇花寒食近，种种恼人天气。险韵诗成，扶头酒醒，别是闲滋味。征鸿过尽，万千心事难寄。

楼上几日春寒，帘垂四面，玉阑干慵倚。被冷香消新梦觉，不许愁人不起。清露晨流，新桐初引，多少游春意。日高烟敛，更看今日晴未。

萧条冷落的庭院里，吹来了一阵微斜的风，风中带着细细的雨。雨丝落在她的脸颊上，心境也跟着低落起来。

一层层的院门紧紧地关闭着，这既是她充满防备的生活，也是她封锁的心门。

一阵花香扑鼻而来，如长着翅膀的小天使，略微抚平了她不安的内心。她的视线被窗外的花骨朵吸引，原来春天快要到了，那些娇嫩的花儿也即将开放，嫩柳也渐渐染上了绿色。

寒食将至，她不仅要面对恼人的天气，还得吃冷食。可真是愁杀人啊。

她的心头有着了无头绪的忧愁，她写再多的诗词，喝再多的烈酒都无法消解。她只能呆呆地看着远处的大雁飞过，奢望着将心中的千言万语托寄在大雁身上，带给那个让她忧思的人。

他，会想念自己吗？

连日来，楼上春寒料峭，她只能将帘幕垂得低低的，防止风吹进来，将她冻病了。

往日里最爱凭倚玉栏看天穹，她也懒得去做了，只是日复一日地睡去，期待着睡醒了，他就回来了。可是锦被清冷，香火已消，她从短暂的梦中醒来，却依旧要一个人面对空荡荡的闺房。

他，依旧没有归来。

这情景使本来已经愁绪万千的她更不能安卧。她的相思到最后成了更深层次的担忧，担忧他是否安康，是否记得自己，

是否君心有凉意……

清晨的新露涓涓，新出的桐叶片片湛绿，这一切都增添了不少游春的意趣。

她穿上衣服，梳洗完毕，临窗站立。眼前的天地浩大，那么多的故事，最后都消散在了那一缕清晨的阳光里。

太阳已经高高地升起了，隔壁邻居家也开始做饭了，炊烟袅袅，这一切都不允许女词人再低落下去了。

也好，就看看今天是不是又一个放晴的好天气吧。

另外一首《诉衷情·夜来沈醉卸妆迟》，也是这一阶段写对远游的夫君的思念的，与这首意境相似，但更为简单。

读着这些好似李清照自言自语的词句，笔者是很惋惜的。她如此的才情纵横，却只能蜗居一隅，等着夫君归来。她的世界，本不该这般的狭小。

一个人的浅吟低唱，一个人的轻歌妙语，一个人的故事，一个人的年华。她这一生，应是最懂相思滋味了吧。

明诚纳妾

若干年后的今天，我们将李清照的诗词拿出来一遍遍地品读，不仅是为了增加学识、拥有美的享受，更是为了见识另一种光景、另一种心境以及别样的风情。因此，捋平每首词的时间，了解该词所对应的她每个人生阶段的心境便显得尤其重要。

下面将两首词放在一起，是因为这两首词的创作时间与背后隐含的意义类似，都是作者屏居青州，而赵明诚想纳妾的时候。

对此，陈祖美在《李清照简明年表》里有明确的解释："公元 1118 至 1120 年（重和元年至宣和二年），这期间赵明诚或有外任，清照独居青州。是时明诚或有蓄妾之举。作《点绛唇·寂寞深闺》《凤凰台上忆吹箫·香冷金猊》等。"

在这里，再解释一下另一个有些含糊不清的问题。

关于赵明诚与李清照在青州一共住了几年的说法，共有两个，一说是十年，一说是十三年。重点就是1118至1120年（重和元年至宣和二年）这三年间，赵明诚到底有没有外任。外任的话，就是待了十年；没有外任的话，就是十三年。不过，就算有外任，赵明诚应该还是时常回来的，可以说是两地奔波。所以，说十年或者十三年都没错。

那错的是什么呢？错的是春光太好，错的是爱情太浅，错的是生活太寂寞。

这个阶段，赵明诚即便没有外任，当官的事应该也是有些眉目了，自然，纳妾的想法也萌动了。

香冷金猊，被翻红浪，起来慵自梳头。任宝奁尘满，日上帘钩。生怕离怀别苦，多少事、欲说还休。新来瘦，非干病酒，不是悲秋。

休休！这回去也，千万遍《阳关》，也则难留。念武陵人远，烟锁秦楼。惟有楼前流水，应念我、终日凝眸。凝眸处，从今又添，一段新愁。（版本一）

——《凤凰台上忆吹箫·香冷金猊》

香冷金猊，被翻红浪，起来人未梳头。任宝奁闲掩，日上帘钩。生怕闲愁暗恨，多少事、欲说还休。今年瘦，非干病酒，不是悲秋。

明朝，者回去也，千万遍阳关，也即难留。念武陵春晚，

云锁重楼。记取楼前绿水，应念我、终日凝眸。凝眸处，从今更数，几段新愁。（版本二）

——《凤凰台上忆吹箫·香冷金猊》

寂寞深闺，柔肠一寸愁千缕。惜春春去。几点催花雨。

倚遍阑干，只是无情绪。人何处。连天衰草，望断归来路。

（衰一作：芳）

——《点绛唇·闺思》

关于“凤凰台上忆吹箫”这个词牌名，有个传说。

传说，战国时期，秦穆公有个小女儿，因自幼爱玉，取名弄玉。弄玉生得非常貌美，又多才多艺，尤擅吹笙，国内无出其右。弄玉及笄后，秦穆公要为其安排婚事，弄玉坚持要找一个懂音律、善吹笙的高手。秦穆公遍寻不得，婚事就此搁浅下来。

某日，弄玉于月下吹笙，依稀听到有仙乐隐隐与自己的玉笙相和。弄玉将此事告知秦穆公，秦穆公便遣人前去寻找。最后，在华山脚下寻得隐士萧史。

萧史与弄玉一见钟情，结为夫妻。婚后，萧史教弄玉吹箫，让弄玉模仿凤凰的鸣叫声，弄玉就这么跟萧史学了十几年，最后，弄玉的萧声真的和凤凰的声音一模一样，将天上的真凤凰都引下来了。

秦穆公专门建造了凤凰台供二人吹奏，后来，二人不吃不喝在凤凰台上待了数年。若干年后的某一天，二人笙箫相和，竟引来了金龙紫凤。二人相视一笑，萧史乘龙，弄玉跨凤，双双升空而去，留给后人一段佳话。

成语“乘龙快婿”“龙凤呈祥”皆因此而来。

为什么要花上不小的篇幅讲词牌名的由来呢？这个传说的浪漫自是一方面，另一方面，传说所代表的意义也是不可忽视的。

李清照用这个词牌名表达了一种艳羡，不是羡慕弄玉的成仙而去，而是羡慕弄玉能得一心人且白首不相离。弄玉和萧史，由志趣相投而结合，到一起研究音乐，多么像她和一路走来的赵明诚啊！但是，萧史和弄玉最后的结局是双双成仙而去，他们是真正的神仙眷侣。

李清照由此联想到自己，想到陪同自己一路走来的夫君竟然欲纳妾，她多么想拒绝，可她拒绝不了，因为她至今没能为他生个一儿半女。彼时她约莫有三十五岁，生孩子的可能性着实不大。更何况，当时程朱理学中对女性三从四德的约束渐渐推崇开，虽然还未及南宋时的戒律严明，但也使女性的地位日益低下，女性的声音也愈发微弱。

易安她，有心无力。

在这样的背景下，她郁结的情绪，应该是一腔心思朝谁诉的无奈。和原先至亲依偎的人之间，突然又多了一个人，这种惶恐比世界末日更甚吧。

接下来，我们来走近彼时的那个失去全世界的她吧。

《凤凰台上忆吹箫·香冷金猊》有两个版本，现选择版本一来分析。

这首词依旧是从室内眼前的景写起。

这是一个慵懒的清晨，她刚刚从沉睡中清醒过来，她半伏在床上，睡眼蒙眬地看着眼前铸有狻猊提钮的铜炉。铜炉里，熏香已经冷透了，只剩一丝若有似无的香气，诉说着香消的哀伤。

她的神智逐渐恢复，她想起了昨夜又是一个孤枕难眠的夜晚，夜幕下未散的失落再次朝她袭来，扯得她的心隐隐作痛。眼前红色的锦被乱堆在床头，如同波浪一般，可她也无心去收拾，就任它那么凌乱着。

收拾什么呢？收拾干净了，又有谁来看呢？

她穿上鞋子，在梳妆台前站了片刻，最终还是踱步离开了。他不在，她便越发地懒了，连头都不想梳了。

何止是不想梳头啊，生活中的任何事情在她眼里都是了无生趣的，她任凭华贵的梳妆匣落满灰尘却无心整理，她任凭朝阳的日光照上帘钩却无心观赏。

她生怕想起离别的痛苦，这是生命中不能承受之重啊。她有多少的话要向他倾诉，可刚要说又不忍开口。说什么呢？他又不在。

最近，她渐渐消瘦起来，比那黄花更甚。为什么呢？不是

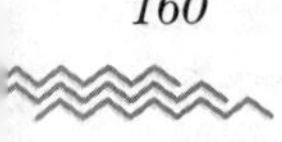

因为喝多了酒，也不是因为秋天的影响，是为了他啊。

他啊，要离她而去，要投向另一个人的怀抱，要变心了。她能怎么办呢？算了吧，算了吧，他决心要走，即使唱上一万遍离别曲也无法将他挽留。那她还要折腾什么呢？

想到他就要如《桃花源记》里的武陵人一样远走消失，只剩下她独守空楼，她的心就痛得无法言喻。

从今以后，她的人生还有什么盼头吗？

她整日望着楼前的流水，也不知是发呆，还是在等他。那流水像个好友一样陪伴着她，顾念着她，映照着她的双眸。

从今而后，在她凝眸远眺的地方，又要平添一段日日盼归的新愁啊。

另一首《点绛唇·闺思》与《凤凰台上忆吹箫·香冷金猊》有异曲同工之妙，都表达了对丈夫越走越远的害怕与担忧。“人何处”之“人”与“武陵人”同意，皆喻指赵明诚。而后，用常见的意向——“阑干”与“归来路”，来表达内心的这种忐忑。

再来说赵明诚纳妾的理由，应该就是李清照的“无所出”了。

虽然孟子所言的“不孝有三，无后为大”一直被后人误解，将“无后”的原意“不尊重长辈”误解为“没有孩子”，但生孩子确实一直被认作是女人的责任之一，生不出孩子的女人被休也是真实存在的。《唐律》甚至对汉代的“七去”作

了进一步规范，进而成了著名的“七出”，其中第二条休妻的理由就是“无子”。

洪适在《释隶》中明确记载过，“赵君嗣无仔”。

那么，如何能肯定是赵明诚不能生呢？主要是李清照就他这么个男人，而赵明诚可不止李清照一个女人。

传言早在年轻时，赵家为赵明诚在近郊安排了一个丫鬟，同住一年，丫鬟丝毫没有怀孕的迹象，随后，赵家将丫鬟配给了小厮，短短一年，丫鬟就替小厮生了个孩子。

关于这个丫鬟没有明文记载，不过后来李清照在《咏白菊》中用过郑交甫和班婕妤两个典故。一个是一男配二女的外遇故事，一个是另结新欢、冷落旧爱的故事。由此证明，赵明诚的风流史还是很多的。此处需注意，《咏白菊》这首词作于1104年至1107年，那时候他们才刚刚结婚，而李清照因为李格非的关系没有一直在汴京，赵明诚也就有机会偷情了。

更别说还有后来那个小妾“云”，同为“云”，这位跟苏东坡的“朝云”可不一样，这事先卖个关子，后面再谈。

总之，赵明诚与李清照的爱情走到这儿，也差不多变味了。

其实，对于赵明诚而言，爱情早就变味了，只是李清照喜欢自欺欺人，喜欢粉饰太平，喜欢给早就出现的预兆和裂缝找借口，因此，这名为“爱情”实为“志趣”的相濡以沫才会一路走到现在。

浅情人不知

宣和二年（1120年），赵明诚奉命去莱州做官，李清照因为诸多原因未能与之同去，仍暂时居住在青州。

宣和三年（1121年）秋天，李清照终于将“归来居”里的金石器具整理妥当，起身赴莱州与丈夫团聚。行至昌乐的时候，天突降大雨，李清照被淋了个措手不及，只得慌忙地收拾行李暂时寄宿在旅馆中。

彼时乡音不通，通信不便，女词人只能一个人无助地待在旅馆的窗前看着瓢泼大雨，静等雨停。她由此想到自己的处境，自己的人生不也如天涯羁旅一般无依无靠，指不定明天流落到何处吗？

她不由得悲从中来，想到了莱州的丈夫，又想到了家中的姐妹。丈夫，她即将见到，但好像与她已渐行渐远。姐妹，

她只能狠心割舍，毕竟她们也有自己的家庭，自己同她们待在一起，根本不算是归宿。就这样，在寂寞凄苦中，李清照挥笔写下了这首《蝶恋花·晚止昌乐馆寄姊妹》：

泪湿罗衣脂粉满，四叠阳关，唱到千千遍。人道山长山又断，萧萧微雨闻孤馆。

惜别伤离方寸乱，忘了临行，酒盏深和浅。好把音书凭过雁，东莱不似蓬莱远。

（山又断 一作：水又断）

可以说，这首词是李清照与爱情挥别的一个象征。此后，还有另外一首，其中更是以调侃的口气，表达了对赵明诚的不满。此时的赵明诚，在李清照心里已经跌下了神坛，再也不是那个让她低到尘埃里的存在了。

她平视他，然后，又俯视他，直至最后，失去他。

他已经走了有一年多了，这一年里，她晓得他纳了小妾，她也知道那个小妾叫“云”，很美的名字，一点儿都不亚于她的“清照”。

她还记得，他曾经夸过她名字好听，说她的名字是“一轮清辉映照在大地上，给黑暗中的人带来希望”。

她特别喜欢写夜晚，夜晚在她的笔下出现了无数次，无非

是因为她以为他喜欢夜晚。

可现在，他喜欢那个叫“云”的女子，而夜晚是看不见云的。

变心，简简单单的两个字，做起来也是手起刀落，快得很。

也罢，毕竟多年夫妻了，还计较这些做什么呢？即便是她自己，心里的那份感情也被时光以及长久分别的相思给磨淡了。人啊，总归是有些自我保护意识的，痛久了就麻木了，麻木了就寻常了。

几日前，他来信让她过去同他会和，她虽然有些不情愿，有些排斥官场的喧嚣，当然，更排斥那个叫“云”的女子，可她还是决定动身，毕竟当初分别的时候说好的，将金石器具跟《金石录》整理完毕就要去同他会和。

虽然爱情不在了，但友情、亲情，乃至是志同道合的知己情还是在的。

罢了罢了，还是去吧。

她跟照顾她多年的婢女一一道别，虽然说是婢女，可她们早已成为她姐妹一般的存在了啊。自然她是舍不得的。她执着她们的手，听她们的叮咛嘱托，惜别的泪水打湿了衣衫，洇湿了双腮，送别的《阳关曲》唱了一遍又一遍，还是难以道尽离别的伤情。

后来，她便开始夜以继日地赶路。她一介女子一路上受过

多少苦自不必多说，可她想着即将见到他后好歹可以有个依靠，便咬牙熬过来了。

可现在，她被一场大雨困在了驿馆，她什么都做不了，除了痴痴地望着莱州的山长水远。她坐在窗前，听着耳畔的秋雨潇潇，才真切地感觉到了无限凄清。

她想快些到莱州，却又怕到莱州。这是一种类似于“近人情更怯”的感觉。

是太久没有见到他了吗？是之前太亲密，现在的一丁点陌生感让她害怕？还是，她只是有些舍不得家乡的姐妹呢？

她还记得离别那天她被离情别绪搅得心乱如麻，都不知道姐妹们是如何喝下那践行酒的，也不知道那杯中的酒是深是浅，更不知道是姐妹的泪多还是她的酒多。

她只记得在最后，她拉着姐妹们的手嘱咐她们：“你们要将音讯让过往的大雁捎来以慰我心啊，毕竟，东蓬不像蓬莱那样遥远，寄封信很快就会到了啊。”

虽然这些丫鬟同李清照关系很好，但也未必好到涕泪横流、依依不舍的地步。既然如此，那她为什么会在词中表露出这种感情呢？

前文已经说了，这叫“近人情更怯”，表达了李清照对于同丈夫的未来不好的预期。

果然，李清照的担忧应验了。

宋徽宗宣和三年辛丑（1121 年）八月十日，李清照在到达莱州后不久，又写了一首《感怀》诗。

诗前有序，如下："宣和辛丑八月十日到莱，独坐一室，平生所见，皆不在目前。几上有《礼韵》，因信手开之，约以所开为韵作诗，偶得'子'字，因以为韵，作感怀诗。"

翻译一下就是：我在宣和三年八月十日来到莱州，自己一人独自坐在室内，个人喜欢的书籍史典，这间房内都没有。案头上有本《礼韵》，因此随手翻开，拟以所翻开页上的字为韵来写诗，偶尔翻到"子"字，于是以"子"字为韵，写了一首感怀诗。

简简单单的一个诗前小序，已然隐含了不满，这种不满在李清照生平以来的词中可谓是从没有过的。不满什么呢？就是她觉得赵明诚变俗了，至于怎么变俗，诗中有详细的解释。

寒窗败几无书史，公路可怜合至此。
青州从事孔方兄，终日纷纷喜生事。
作诗谢绝聊闭门，燕寝凝香有佳思。
静中吾乃得至交，乌有先生子虚子。

意思是：我好不容易到了这儿，但你居然变了，天天忙着赚钱应酬，连以往跟我的志趣都丢失了，简直是太俗了！我向往的生活是两个人闭门谢客，在家作诗，然后在平静中结

交到两个好朋友，一个是乌有先生，一个是子虚先生。

这是一首闺怨诗，又不同于一般的闺怨诗，全诗以一种调侃的手法点明自己的不悦，也一并表达了自己向往的生活场景，两相对比抒发了对赵明诚忙于应酬却冷落自己的不满。很是幽默诙谐，一点儿都不同于以往那些凄凄哀哀的婉约词。

笔者很喜欢这首小诗，尤其是诗中的“孔方兄”“乌有先生子虚子”等句，这种乐观以及诙谐更像是一个人，或者说更像易安居士。她的那些婉约词更像是一种手段，一种为留得丈夫关爱的装可怜，可实际上的易安居士并不是这样的。她一直有股狠劲，可是爱情蒙蔽了她的眼睛那么多年，使得她一度患得患失，而患得患失阶段的她也不是真正的她了。

当然，我们也得为赵明诚说句公道话，他其实并不是她说的那样，他一直有一颗文艺的心，也关爱妻子。

赵明诚转守淄州的时候，淄州辖下有一个叫作邢氏的村子，村中有一个长者叫邢有嘉，赵明诚与他时有往来，并称赞他“好礼”。有一次，邢有嘉拿出白居易手书的《楞严经》给赵明诚观赏，对古人字画迷恋成癖的赵明诚看到之后大喜过望，“因上马疾驰归，与细君共赏。时已二鼓下矣，酒渴甚，烹小龙团，相对展玩，狂喜不支，两见烛跋，犹不欲寐，便下笔为之记”。

这里的“细君”，便是指的妻子李清照。

赵明诚得以目睹了白居易的手迹之后，狂喜之下，连礼仪

都顾不上，赶紧骑马急驰回家，拿过去给李清照看，邀她共同欣赏。

由此可见，赵明诚虽身处官场，其风雅素心从不曾减却分毫。并且，这一个“细君”，一个“大喜过望”，便可以看出赵明诚是真的很想获得李清照的赞同，就如同渴望父母夸耀的孩子一般。

只是，李清照的爱情死了，眼泪尽了，自然就挑剔起来了。

国破家亡

1121 年至 1127 年，李清照留存的诗词不多，为什么呢？是流失了吗？有这个可能。但更大的可能是她没心思去写诗词了。我们来顺一顺这个阶段的她都干了些什么吧。

1121 年，李清照到了莱州之后，继续帮赵明诚辑集整理《金石录》。后来，李清照在《〈金石录〉后续》中作过如下记录："装卷初就，芸签缥带，束十卷作一帙。每日晚吏散，辄校勘二卷，跋题一卷"。

1125 年，赵明诚改守淄州，其间，赵明诚还有闲情逸致与李清照共赏白居易的《楞严经》。

1126 年，李清照四十三岁，仍随赵明诚居淄州。是年，赵明诚因平定地方逃兵扰乱有功转一官。

1127 年三月，赵明诚的母亲死于建康（今南京），赵明诚只得南下奔丧，这一去便没回来。八月起，赵明诚又担任建康知府，兼任江东经制副使。北方局势越来越紧张，李清照也着手整理收藏，准备南下。随后，李清照押运十六车书籍器物在兵荒马乱中辗转，并于建炎二年（1128 年）春抵达江宁府，这首《瑞鹧鸪·双银杏》即创作于抵达江宁之后。

风韵雍容未甚都，尊前甘橘可为奴。谁怜流落江湖上，玉骨冰肌未肯枯。

谁教并蒂连枝摘，醉后明皇倚太真。居士擘开真有意，要吟风味两家新。

看上去是不是很平常？既然这么平常，为什么又会无心作诗呢？

好，那我们来看看当时的宋朝吧。

宋徽宗在位时重用奸相蔡京、宦官童贯等干尽蠢事。他们祸害朝廷，李清照的父亲和公公便是明证，继而逐渐至天下大乱、民不聊生的境地。

1119 年起，先后爆发了宋江、方腊领导的两次大规模的农民起义。宋徽宗虽然瓦解了这两次农民起义，但东北地区的女真族兴起，成了另一股威胁宋的力量。此外，宋决定与金国连手攻击已渐末路的辽国，在攻打的过程中连连失利，将自己的短处暴露在金的目光下，引发其觊觎之心。

1123 年，金国倾向与宋交好的完颜阿骨打病逝，其弟完颜晟继位，筹划攻宋。

1125年，金国以“张觉事变”为由攻宋，宋徽宗怕担事，慌乱之余让位于太子赵桓，宋钦宗继位。

1126年，金国二度攻宋，宋朝不堪一击，一溃千里。

1127年，徽、钦二帝被掳，宋朝城破，张邦昌被金人册封为帝，建立“大楚”这一傀儡政权。金人大肆掳掠，宋人开始南逃至建康、扬州、杭州等地。时年，宋室唯一的幸存者赵构南逃至南京应天府即位。

当时，国家处于战乱中，民不聊生。李清照担心国家还来不及，哪有心思作诗填词。

《尚书》里说，“诗言志，歌咏言。”意为诗是用来表达人的志愿的，而歌延长了诗的语言，突出了诗的含义。词的来源是什么呢？词就是用歌唱出来的诗，因此，可否认为，词更是表达一个人内心感悟的最佳方式呢？

由此，我们便根据上文所说的背景，分析李清照的心境，品读那些藏在乱世后的故事吧。

上文说了，《瑞鹧鸪·双银杏》创作于李清照押运书籍器物抵达江宁之后，感怀与夫君在战乱中相依为命而作的。

她彼时风尘仆仆，终于到了江宁城内，身边是长江，长江以北已然被攻陷。

那家乡，那个满载她欢歌笑语的地方，从今往后就只能存在于她的记忆中了吗？

她想起一路上的战火纷飞，想起灾民流离失所，每个人的脸上都写着惊恐，连悲伤都给盖住了。是啊，连性命都保不

住了，谁还有空去怜悯那被铁蹄踏破的繁华之乡呢？她也是在一路逃亡之后，成功抵达未被攻陷的江宁才得以心安的啊。

此刻，她的夫君已经赶来了，他握着她的手，连声问：“怎么样，有没有伤到哪里，有没有丢失什么？”

她疲累地摇摇头，安抚他，告诉他，自己是在用生命保护那些他们毕生搜集来的器物。毕竟，那是他们的青春，他们的过往，他们的辉煌啊。

夫君宽慰地笑笑，拥她入怀，二人相携着，像年轻时那般。原来，感情它从未消失，只是被流年盖住，此番经历战火，才被拂去尘埃，乍见一角。

夫君领她去歇会儿，令人取来早就准备好的瓜果菜肴。她恰感饥肠辘辘，便也顾不得其他，开始大快朵颐。

眼前有精致的小碟子，碟子里放了几颗圆润剔透的银杏。这银杏风韵雍容，虽然看起来并不十分奢侈华丽，却也甚是招人喜欢，连酒樽前的那几个黄灿灿的柑橘都要逊色几分。

她将银杏取过来，拿在手里细细把玩，不禁悲从中来。

这银杏也是流落江湖了吗？如此可怜的小家伙们，有谁会怜惜它们呢？它们虽然早已脱离了树干，失去了养分，可依旧有着玉般的风骨，冰般的肌肤，它们依然保持着原貌，不肯枯竭，它们多么像失去故土的我们啊！

是谁将这并蒂连理的银杏双双摘下？又是谁将它们放在这碟中？这可怜的银杏恰似那酒醉之后的唐明皇与太真贵妃，它们美好无暇，它们相拥相依。

易安居士如此想着，竟忘了疲倦，神奇地温和下来。她看了眼坐在她身边的夫君。他察觉到她在看他，遂而停下替她剥橙子的动作，朝她温和一笑。

这一笑有如十八岁那年的花开，瞬间就让她在岁月中沾染的风尘悉数消失，让她又回到了那棵青梅树下偷偷瞧他的时候。

她的夫君，即便有千种万种不好，即便他们在岁月中丢失了曾经的激情，可是他一直都在她身边，还有什么比这个更重要呢？

她回了他一个笑，掰开连理的银杏，笑着递了一个过去给他，他的眼中情真意切，他的眉上落霞生花，二人相互依靠着，共同品尝这别样的风味。唇间是醇香清新，心头是相惜共鸣。

同时期的《鹧鸪天·寒日萧萧上琐窗》，不同于这一首的通过战争写温情，而是用王粲、陶渊明作比，通过醉酒写乡愁。全词悲慨有致，凄婉情深。那首词因为伤情太过深切，被不少人认为是赵明诚死后之作。因此，此处我们便不分析了，有兴趣的可以细品。

寄居建康城

1128年的春天到1129年的春天，整整一年，李清照都与赵明诚居住在建康城。

这一年，二帝被俘北上，抵达金国上京会宁府，被强制穿着素服跪拜金国的太祖庙，行“牵羊礼”，在乾元殿拜谒金太宗完颜吴乞买。

这一年，在悔恨、哀怨、凄凉中写下“彻夜西风撼破扉，萧条孤馆一灯微。家山回首三千里，目断山南无雁飞”等诗句的宋徽宗派臣子曹勋从金偷偷逃到南宋，交给他一件自己穿过的背心，背心上写着“你快来援救父母”，并哭着叮咛曹勋，让他转告康王赵构“不要忘了我北行的痛苦”。

这一年，赵构赶走抗战派宰相李纲，同宠臣汪伯彦、黄潜善等奸佞小人从南京应天府逃到扬州。这次逃亡中的惊吓对赵构造成了很不好的影响，就是使他失去了生育能力。宋孝

宗赵昚只是他的养子。

这一年，大宋人心不安，金国虎视眈眈，谁也不知道下一场战乱什么时候会发生，谁也不知道自己还能不能见到明天的太阳。

这一年的大宋人，过得定然是艰难痛苦，李清照必然也是。除却最初夫妻团聚带来的短暂喜悦，“大国不保，小家安在”的担忧很快便时时困扰左右，使得她无心爱良夜。

据记载，有两首词大致可以确定写于这一阶段，其一为《临江仙·庭院深深深几许》，这也是有史可考的第一首李清照南渡之后的词，其二便是《菩萨蛮·风柔日薄春犹早》。我们重点分析第一首。

欧阳公作《蝶恋花》，有“深深深几许”之句，予酷爱之。用其语作“庭院深深”数阕，其声即旧《临江仙》也。

庭院深深深几许？云窗雾阁常扃。柳梢梅萼渐分明。春归秣陵树，人老建康城。

感月吟风多少事，如今老去无成。谁怜憔悴更凋零。试灯无意思，踏雪没心情。

（试灯无意思，踏雪没心情 一作：灯花空结蕊，离别共伤情）

——《临江仙·庭院深深深几许》

今日的建康城下了一场大雪，雪花飘扬，掩盖了多少前尘往事，只留下一片白茫茫的大地。

她有些失落，适才邀约夫君一道来雪里走走，夫君都借口有事先走了。这些年自己与他聚少离多，如今难得在战火纷飞中才能够在一起，虽然相濡以沫，可他们却依旧难以达到心心相印的状态，甚至还有些越来越远的感觉，这着实令她有些沮丧。

那人，好像不是先前认识的那个他了。他到底为什么变了呢？即便是国仇家恨，可只要他们两个人在一起，很多东西不都可以忽略不计吗？

至少，她是这么想的。

她披着貂裘，独自伫立在雪中。庭院很深很深，不知道有多少层。云雾缭绕的楼阁门窗经常关闭着，好像乱世之下彼此的心门。

她微微叹了口气，骋目四望。庭院外好似有几株树，那柳树的梢头已经开始返青了，而那梅树的枝丫也开始吐蕊了，这一景象无疑是在宣告春天的归来。

大地春色，年复一年，从不因人世的变迁而变化。

原先，她以为自然有感情、万物会心伤。可现在，她才发现万物好像真的只是季节性的轮替。世界再动荡，他们再遭遇多少的悲惨，花儿却依旧开，绿叶却依然在，这多么让人失落和哀伤啊。

她想到了汴京的春，想到了青州的春，甚至想到了明水的春。在那几个地方，她写下过无数的诗篇，感悟过很多的伦常，也经历过巨大的心境变化。可现在，她连想看看它们的

企盼都成了奢望。

虽然暂时有落脚之地，可这里并不是她的家啊！更何况曾经心有灵犀的他已然有了更年轻的姑娘作陪，她完全不知道他在想些什么，连用亲情去靠近他都让他排斥。她怎能不惶恐呢？

无家可归的她，一想到自己要老死建康城，便哀切不已。在她死后，他还会念着她吗？会给她的坟前添上一炷香吗？

她回忆起了往昔，那时候，她吟赏风月、饮酒作诗，是多么幸福啊。果然是应了那句“思君令人老，岁月忽已晚”吗？一转眼，她已经老了呢。

她老了，什么事都做不成了！

她老了，可没有谁会怜悯她的憔悴与衰败。

她老了，一切都要不复存在了。

直到这时候，她才真正知道，时间是多么公平，而年轻又代表了多少的无限可能。她忽然有些后悔，后悔花那么多的时间去想他，而不是更加开心地活着。

她伸出干枯的双手，有一双纤纤细手伴着青梅下的花影，穿过岁月的桎梏与之重叠。

元宵花灯下的少年、青梅飘香前的男子……那些她曾经念念不忘的记忆原来都已经落上了灰尘，失去了颜色。

原来，“老去”才是这世间令人最无能为力的事情。无能为力到连对国破都失了愤慨，只剩哀伤和无奈。

这首词虽然很是哀婉，但也有个很有趣的传闻。说是李清照到达江宁之后，每逢遇到大雪的天气便喜欢登上城门，远眺以寻诗。

她在建康城没几年，其中跟赵明诚在一起的也就这一年了，而一年之中能有几次下雪呢？

那么，对于她的爱好风雅，赵明诚是什么反应呢？

宋朝有一个叫周辉的人，写了一本《清波杂志》，专门用来记载宋代的一些名人逸事。其中，卷八就记载了这事儿：“顷见易安族人言，明诚在建康日，易安每值天大雪，即顶笠披蓑，循城远览以寻诗。得句必邀其夫赓和，明诚每苦之也。”

原来，赵明诚的反应就一个“苦”字啊。

周辉明显是有调侃跟看笑话的成分在里面的，但是，赵、李的价值观出现偏差是毋庸置疑的。

我们可以说李清照太过矫情，不懂在乱世之下，作为一地之官的丈夫的责任与担忧。我们也可以指责赵明诚不体贴，变心了……说谁错都是可以的，但不是抨击，“抨击”这个词本身就挺矫情、蛮不讲理的。

据说，金人长驱直入时，宋徽宗听到财宝等被掳掠毫不在乎，等听到皇家藏书也被抢去，才仰天长叹几声；据说，宋徽宗在流放期间仍好写诗、读《李泌传》，有所感触之后还留下诸多典籍……

虽然作为皇帝，宋徽宗着实失败，可他作为一个文人，无疑是成功且让人敬佩的。这是一个真正的文人，一个无论何

时何地都诗意地栖居的人。

而李清照，恰好也是这种人。

赵明诚的“文”即便不算是优渥生活的附庸，也算不上是真正的刻入骨髓的“文”，他的喜爱在生活的苦难面前很容易会变质，而后一堆国家大义涌上嘴边，那时可爱便成了面目可憎，再不是曾经少年；而李清照无论何时何地，都保持着文人的傲骨、清高和不屈。

后来，以宋高宗为首的妥协派投降，借口时世危艰，拒绝主战派北进中原，一味言和苟安。而赵明诚也在任期内做了一件难以启齿的事情，惹得李清照十分不满并屡次写诗讽刺，曾有“南来尚怯吴江冷，北狩应悲易水寒”“南渡衣冠少王导，北来消息欠刘琨”之句，也有了接下来的这篇铮铮之言——《夏日绝句》！

途经江东的藕花神

建炎三年（1129 年）对于李清照来说是至关重要的一年。

在这一年之前，李清照时常“沉醉不知归路”，然后“误入藕花深处”，还因此得了风流如“藕花神”这样的雅称。哪怕她后来已经不再年轻了，少了年少时“和羞走，倚门回首，却把青梅嗅”的小女子姿态，但笔下诗句也多为咏叹生活休闲之作，少有关于国仇家恨、民族气节的。

是啊，李清照前半生过得太过和美：世家出生，父亲李格非官至礼部员外郎，还是大文豪苏轼的学生；年少成名，据王灼的《碧鸡漫志》载，李清照“自少年便有诗名，才力华赡，逼近前辈”；婚姻幸福，与帅且有才的官二代赵明诚志趣相投，琴瑟和鸣，每日赌书泼茶，过得妙趣横生。

即便此前，李清照也曾零散地附诗，表达过对朝局的关心，写下了诸如“夏商有鉴当深戒，简策汗青今具在”这般

借嘲讽唐明皇，告诫宋统治者的诗句，但依旧脱不了“为赋新词强说愁”的评价。

才华卓绝的李清照无可争议地是宋朝的临水照花人，但前期安逸如她，却着实写不出“怒发冲冠，凭栏处、潇潇雨歇”这样的豪情壮语。

1129 年之前的李清照，关注更多的是自己内心世界的小情小爱，彼时，她还是一个仰仗国家、依靠夫君的柔弱女子。

待到“南来尚怯吴江冷，北狩应悲易水寒”“南渡衣冠少王导，北来消息欠刘琨”，她倒还是那委婉的语气，可家道中落、国运衰败带来的苦难，已在句中填注了隐隐的暗流。写下这两句诗的时候，距离徽宗、钦宗被掳走已经两年有余了。这两年里，李清照虽然见识到了乱世的生灵涂炭，但对当权者收复失地、恢复朝运鼎盛的信念一直都在，而这一信念支撑着李清照乱世中一颗漂泊的心。

然而“山河破碎风飘絮，生世浮沉雨打萍”都不曾动摇过的信念，在 1129 年的春天彻底消亡了。

让我们将时间定格在建炎三年（1129 年）的二月份。

本是草长莺飞、万物复苏的季节，若是从前，李清照定能再写一首不亚于“花自飘零水自流，一种相思，两处闲愁”的绝美的词来。但今年李清照没有那份心了，因为她心心念念崇拜且爱慕了三十年的丈夫在这一年成了逃兵。

事情的经过是这样的。

据《宋史》载，建炎三年（1129 年）二月的某一天，赵明诚的下属前来汇报，说是御营统治官王亦有要叛乱的迹象。赵明诚也不知道是逃避还是没相信，抑或是并没有把这事放在心上，总之就是没有指示应对措施，全然不当回事。

这个下属有先见之明，因此自行布阵，以防遭遇不测。

这一夜，王亦果然造反了，被有所准备的下属成功击败了。事情这样倒也好了，皆大欢喜，赵明诚这个长官压根没费什么心就立了一功。哪里知道，到天快亮的时候，下属前去找寻赵明诚报告此事，这才发现赵明诚早就利用绳子从城墙上逃跑了。

更让人的心寒的是，李清照以及他们一起搜集的金石文物却被留下了，赵明诚丝毫没想着去管自己的老婆跟为之奋斗半生的金石学事业。这时候，赵明诚内心的懦弱以及胆怯悉数暴露了出来，他已经不是当年的那个他了。

叛乱平定之后，赵明诚弃城而逃的事情被捅了出去，他因此被朝廷革职。

这事想必也在李清照心上留下了裂痕，她虽然没有跟他说什么，但笔者认为，这一表现分明就不是原谅，而是心死的表现。

被革职之后的赵明诚携李清照逃亡江西。在一路的逃亡过程中，李清照看着因金人烧杀掳掠而凋败的山河大地，想着但凡有血性之人都难以释怀的“靖康之耻”，又看着身边神情萎颓的丈夫。她想到他弃感情深厚的妻子、城中众人乃至金

石文物于不顾，径自用绳子从城墙逃脱的景象，满腔失望化作悲愤，这汹涌的情绪在小木舟途经乌江之时达到了顶峰。

浩浩江水声不绝于耳，像哀鸣着国家行将就木。朝代险遭更迭，敌兵即将临于城下，将士不上阵杀敌，君王不主持大义，一个个只知退缩。失了民族大义跟气节的国人，跟苟且偷生的蝼蚁又有什么区别！

李清照站在西楚霸王项羽兵败自刎的地方，眼前是浩渺的江水，头顶是广阔的天空，而身后站着的丈夫，身边逃亡的国人，却没有爱国之心。一时间，李清照的失望之情跟爱国志气如滔滔江水般奔涌而来。

彼时，为感情伤怀的李清照才正式退出历史舞台，取而代之的是爱国主义诗人李清照！

随口咏出的那首《夏日绝句》，是横亘在她生命中的一道标签，也是那个落魄狼狈的大宋最震耳发聩的呼喊。

生当作人杰，死亦为鬼雄。
至今思项羽，不肯过江东。

活着，我们应当做人中豪杰，哪怕是死了，我们也要成为鬼中英雄。我至今仍旧思念着楚霸王项羽，因为他即便是自刎于乌江，也不愿苟且偷生，渡过江东！

多么干脆利落的话，多么直抒胸臆的诗，再也没有半点欲语泪先流的小女子姿态了。这时候的李清照像一个真正的斗士，如果可以，她定会披甲上阵，沙场秋点兵。

之前的李清照，哪怕是致力于金石、书画等文物的保护，更多的也是从夫，这一时期之后的她才算真正承担起知识分子的担当，做到与《赵氏神妙帖》《金石录》共存亡，绝不会亚于岳飞的壮怀激烈，辛弃疾的气吞万里如虎。这一点，从宁可入狱，也坚定地状告张汝舟，与之离异可以看出来。

李清照为了在乱世中保护手里的文物，嫁于“驵侩之下材”，待一发现所托非人，立刻以非凡的勇气抽身出泥淖。是的，这世上再没什么是她李清照所惧的！

这等魄力，绝非从前莺歌燕语的小女子可以拥有的。

余生，李清照一直致力于校勘整理《金石录》，并于绍兴十三年前后表进于朝，也算是在浩瀚的历史长河中，为宋朝添了一朵耀眼之花。

之后，她又斗士般地活了十余年，以不肯过江东的气概从事爱国主义诗词创作，希望唤醒世人，保家卫国。她的诗词也在很大程度上影响了辛弃疾、陆游等后人，使他们一个个前仆后继地加入爱国主义诗词创作的队伍。对于北宋后期万花齐放的爱国主义诗词创作盛况，李清照无疑开启了一个掷地有声的先河。

李清照后期的诗词，很多都抒发了对于故土的怀念，比如在那首令刘晨翁为之涕泪横流的《永遇乐》里，李清照写道：“怕见夜间出去，不如向，帘儿底下，听人笑语。”全词充斥

着对于国家变故、昔乐今哀的深切悲痛，个中深沉的爱国主义情怀令读者伤心，听者落泪。这个时期的诗词里，没了之前的空灵飘渺，多了生命难以承受之重。她时常“空梦长安，认取长安道”，对于故土她一直有着“故土何处是，忘了除非醉”的执着，终其晚年她都在寻寻觅觅。

但笔者想，一直到最后一天，她都是想念故土的，她都想像项羽那样，有力拔山兮的气魄，能够手握长枪，驰骋沙场，然后驱除金人，恢复大宋！

只是，不知道她在弥留之际，还记不记得初遇赵明诚的那天，那个“却把青梅嗅”的少女。

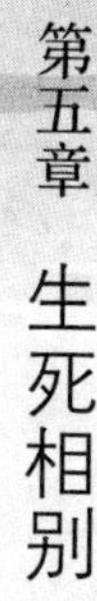

第五章 生死相别

无人伴我立斜阳，无人问我粥可温……
多少爱恨，悉数消失在尘埃里。

自你走后，我才明白，这人世间除却生死再无大事，那些生活里的一笔一画，庸俗的、寻常的、出尘的、别致的，全是你，只有你……

从此以后，岁月翩跹，唯有庭院枇杷树亭亭如盖矣。

人是物已非

李清照因为一时情感迸发，咏出了那首千古绝唱——《夏日绝句》。

但生活依旧要继续，战争依旧要进行，婚姻也依旧要一起走下去。

在1129年2月，赵明诚罢守江宁之后，李清照便与赵明诚二人“具舟上芜湖，入姑孰，将卜居赣水上”（《〈金石录〉后序》）。这一路的行程走了两个多月，五月份的时候，才到池阳。

永夜恹恹欢意少。空梦长安，认取长安道。为报今年春色好，花光月影宜相照。

随意杯盘虽草草。酒美梅酸，恰称人怀抱。醉里插花花莫笑，可怜春似人将老。

——《蝶恋花·上巳召亲族》

这首词的成词时间无法确定，只根据标题知道应该是在某一年的三月初三。

在建康的亲朋好友都被她召集来了，这次聚会有一个目的，就是拜别。

夜晚很快来临了，亲朋好友也陆陆续续地就座了。同以往热热闹闹的宴会不一样，这次相聚，寂静得好像在参加葬礼。

可不是葬礼吗？国之葬礼，城之葬礼，牺牲的千千万万的国人之葬礼。

这漫漫长夜星河寂寥让人提不起一点儿精神，亲友也郁郁寡欢，座中人皆难见笑容。

也不知道是谁带头喝起了酒，挥了挥衣袖，而后道一句："想当年在汴京……"

是啊，想当年在汴京……

荡秋千、挥水袖、歌霓裳、跳长舞，那么繁华的地方，花儿遍地都在开放。而今，这一切都不见了，只剩空阔寂寥的夜晚和眉头不展的行人。什么时候才能再见到汴京呢？怕是只能在梦里了吧。再见面，还能认出那熟悉的京都街道，还能认出那些故人吗？

她闭眼，灌下一杯酒。睁眼看见建康的天，漆黑一片的夜色下，花儿与月影相互映照着，为这清冷孤寂增了些许春色。

她扫视了一圈菜肴，菜肴很一般，但菜的味道却一点儿都不打折，很合她的口味，同时酒也很美味。她夹起一口菜，就着清酒，细细品味。

一阵风吹来，凉凉的，很舒适，亲友们关切的眼神也让人倍感温暖，这一切都如此称心如意。

只是可惜，可惜不是在故事发生的最初的地方。

她有些醉了，将花插在头上，一下伏倒在桌面上，瞧见一边的赵明诚也早已沉沉睡去。她痴痴地看着他的脸，他已经四十九了啊，自己也已经四十六了，也不知道岁月怎么就这么快呢？

她摸了摸头上的花儿，心道："花儿啊，你可不要笑我老不正经，我曾经也有过教花低头的青春岁月，可是，那么美好的岁月，不也一下就没了吗？你的岁月只有这个春天，可怜啊，这个春天也像人会衰老一样，很快要过去了。你啊，也不会娇嫩多久。"

这次聚会之后，大家桥归桥路归路，继续过起了自己的生活，李清照与赵明诚的关系也再不复往昔。那些年轻时候的激情岁月、旖旎花事，真好像夏夜的一场烟花，绚烂过后，很快散尽。

从此天人永隔

1129年的五月份，李清照和赵明诚一路行至池阳（今安徽贵池），没消停多久，赵明诚便接到宋高宗的旨意，让他去湖州任职，为南宋小朝廷堵枪眼。

同往常一样，赵明诚独自去建康赴诏，留下李清照跟一大堆家当等在池阳。

六月十三日，李清照送赵明诚坐船去建康。对于这段送别，李清照在《〈金石录〉后序》中留下了详细的记述："六月十三日，始负担，舍舟坐岸上，葛衣岸巾，精神如虎，目光烂烂射人，望舟中告别。余意甚恶，呼曰：'如传闻城中缓急，奈何？'戟手遥应曰：'从众。必不得已，先弃辎重，次衣被，次书册卷轴，次古器，独所谓宗器者，可自负抱，与身俱存亡，勿忘之。'遂驰马去。"

翻译一下，重点有两个。

一个是李清照送别赵明诚的时候，觉得他精神很好、目光

炯炯，看人的时候像明灯照射着似的，这种感觉让李清照产生了一种恐惧的感觉。也不知怎地，她下意识就问了个问题。而这个问题，就是第二个重点。

李清照问赵明诚："如果真的如传闻，城中遭遇敌军攻打的危机了，我该怎么办？"

赵明诚说："那你就跟随众人逃亡吧，别等我了。到了万不得已的时候，先放弃辎重，然后放弃衣被，再放弃书册卷轴和古器，唯独对于那两件碑帖，你一定要牢牢抱在怀里，与你共存亡，你千万别忘了啊。"

说完这些，赵明诚便策马离开了。

李清照默默地注视着他，他的背影越来越远，远到之后再未得见。

由此可见李清照的第六感之灵敏。这是他们最后的见面，这一生他们有过很多的分别，没有一次分别是如此次一般，给她一种类似于"回光返照"的惊恐感，而这种"回光返照"就是他们此生缘分淡去的终章。这是独属诗人的敏感，是独属女人的敏感，也是独属爱人的敏感吧。

因为爱他，所以对他尤其敏感。

再看看赵明诚的反应，他将妻子的重要性放在了与"宗器"平等的位置，甚至还不如宗器。后来，由于途中患病，赵明诚还没来得及去湖州任职，便于八月十八日卒于建康城中。

临死之前，他"取笔作诗，绝笔而终，殊无分香卖履之意"《〈金石录〉后序》。

"分香卖履"是什么意思呢？这一典故来自曹操的《遗

令》，说是曹操死之前，特意替自己的婢妾和艺人做好一系列安排。他说：“我的婢妾和歌舞艺人都很辛苦，我死后别把她们赶走，让她们住在铜雀台，好好安置他们。”他还说：“余下的香可分给诸夫人，不要用它们给我祭祀，以免浪费了。各房的人无事做，可以学着制作带子、鞋子卖。”

一个男人的最高境界，可能就是有能力翻手为云覆手为雨，可他却能够陪所爱之人一起在溪水潺潺中浣衣荡履，在生命的最终，不去管那什么风云天下，而为自己的妻儿倾尽所有。

赵明诚这一生，不算是成功的一生。年少时靠着父亲的庇佑，从未体会过奋斗的滋味；后来得了文采斐然的妻子，他骄傲之后又由于终年屈居于妻子的名声之下而郁郁不乐；再后来，南宋小朝廷改变用人格局，开始重用起他来，但遭逢乱世，他一介书生遇上兵荒马乱，下意识地就弃城而逃，遭人耻笑；最后，被妻子写诗嘲讽，郁郁而终。

赵明诚一辈子都不知道珍惜为何物，因为没有到达过更高的境界和层次，也没有体验过最下等的人生疾苦，所以，很多落笔生花的春情他不懂，很多细小琐碎的温暖他也不屑。他不知道感动，不知道设身处地，不知道推己及人，他注定波折一生、自负又自卑。

可那又能怎样呢？正因为他是这样一个他，才会真正地令女词人动心啊。将赵明诚身上的任何一个特质换掉，怕是便不能让女词人如此念念不忘了吧。贫穷的书生？跟官二代李清照会有隔阂；富家公子？非文艺男青年，李清照也看不上……

所以，好也罢坏也罢，贴心也罢无情也罢，他就是她此生唯一的灵魂伴侣。可这样一个他，终归还是离她而去了。接着，再分析一下下面的这首词。

（世人作梅词，下笔便俗。予试作一篇，乃知前言不妄耳。）

藤床纸帐朝眠起，说不尽、无佳思。沉香断续玉炉寒，伴我情怀如水。笛声三弄，梅心惊破，多少春情意。

小风疏雨萧萧地，又催下、千行泪。吹箫人去玉楼空，肠断与谁同倚？一枝折得，人间天上，没个人堪寄。

——《孤雁儿·藤床纸帐朝眠起》

自他去后，已经有一段时间了。

这段时间，她只能通过日日沉醉不复醒来麻醉自己。她不敢醒来，不敢想象，她看到任何东西都会想起他，想起同他的初见、相处，也一并想起在那个萧瑟的秋天，她赶到建康见他最后一面的凄楚。他在她心里，原先一直是避风港般的存在，她从未见过他如此了无生命气息的一面，那副景象让她害怕，又让她从此不再害怕任何东西。

这是一个初春的早晨，她经过一夜的宿醉，在藤床纸帐中醒来。周围的环境很是清雅，可她却有一种说不尽的伤感与思念。

她幽忧环顾四周。室内一片寂寥，由于没有续添沉香，玉炉浸透了寒气。它陪伴着她，他们的情绪都如水般凄凉孤寂。

原来，她再也等不回他了啊。她还记得在无数个清晨、夜

晚看着香思念他的景象。那时候她以为自己的等待是“薄雾浓云愁永昼”，可直到此刻她才真正明白什么叫“愁永昼”。

窗外隐隐有笛声传来，是《梅花三弄》。这声音曲调悠扬，好似吹开了枝头的梅花。

春天又来临了，却徒惹她无限幽怨。

门外有细雨潇潇下个不停，门内的女词人呆呆地坐着，像枯木一样，唯独脸上的泪千行还证明着她有一丝活人的气息。

他已经逝去了，从此人去楼空。纵有梅花好景，又有谁与她倚栏同赏呢？

她倚在墙边，手上拿着刚才折下的梅花。这梅花多美啊，可是人间再也找不到一人可以寄赠。

他，真的走了。

赵明诚死后，李清照的心境，可能是这样的：

没有你的日子，我过得还行，饭照吃，觉照睡，只是会想到你，在每一个雨天，每一个晴天，每一丝一缕的呼吸里。

我有时候会觉得空气如此锋利，我每吸进一口气，心里都有一阵扯痛，好像要生生把我扯成两半。

我先前总是想着你有很多的不好，在你死之前尤甚，可你突然去了，你的那些不好我全然都忘却了，心里念着的都是你的那些好。

我彼时才知道，什么叫作世间全无后悔药。

如果可以，你活过来好不好？这样我就可以不用那么想你了，我的心就不会时时都在痛了。

衰老将至

赵明诚去世之后，李清照可说是彻底地孑然一身、无依无靠了。

早在 1105 年的时候，她的父亲李格非就去世了，象征着母家的衰败；早在 1107 年的时候，她的公公赵挺之去世了，象征了夫家的落寞；又在 1117 年的时候，青州府失陷，“归来居”里所收藏的十余屋书画古器皆被焚毁，象征着精神世界的湮灭；最后，在 1129 年的时候，她的夫君，她相依相偎了半辈子的夫君也挥手离去，象征着彻头彻尾的生无可恋。

《四六谈麈》记载，赵明诚死后，李清照写了一篇祭文，其中有句云：

白日正中，叹庞翁之机捷。

坚城自堕，怜杞妇之悲深。

埋葬完赵明诚之后，李清照大病一场，许久不愈。

当时国势一天比一天紧张。九月份，金兵渡江南侵，宋高宗立刻率领群臣往南逃。十月份，逃到浙江绍兴、杭州等地，后将杭州定为南宋的国都。

朝廷尚且如此，李清照这种普通人更是惶惶不可终日，整天如惊弓之鸟一般跟随着朝廷南逃。

彼时，赵明诚有个妹婿，叫李擢权，任兵部侍郎，在洪州（今江西南昌）当差。为了保存赵明诚遗留下来的文物书籍，李清照迫不得已，只得派人运送行李去投奔他。不料，当年十一月，金人攻陷了洪州，李清照送过去的“连舻渡江之书又散为云烟矣”。

如此，李清照痛彻心扉，只好带着残存的书画、金石、碑帖跟随朝廷的足迹仓皇往南逃。李清照在南逃的过程中还带着珍贵的古器，带这些古器的目的是献给朝廷。当然，她的这一行为是有原因的，容后再谈，我们先说行程。

逃亡的过程中，女词人见到遍地的饿殍，更感凄楚悲凉。她流徙各地，曾住过建康、金华等地，而后往朝廷所在地——杭州逃去。

这首《菩萨蛮·归鸿声断残云碧》，很可能就写于逃亡的路程中。

归鸿声断残云碧，背窗雪落炉烟直。

烛底凤钗明，钗头人胜轻。
角声催晓漏，曙色回牛斗。
春意看花难，西风留旧寒。

那时候，李清照一介弱女子带着几大车的书画、文物辗转流落于各个地方，只为了给这些倾注了赵明诚一生心血之物寻找一个好的落脚处。

这一天，她应该已经离开了建康但还没到达杭州，很可能是在金华辗转。

傍晚，她抵达了一处临时歇脚的客栈，她抬手拭汗，被眼前高飞的大雁吸引了视线。

这些大雁一声声地鸣叫着，叫声凄厉，使人肝肠寸断。

她整理好车辆马匹之后，被这叫声感染，于是停下前进的步伐，抬头静静地看着，出神地听着，也不知道在想些什么。待这大雁的鸣叫声消失在布着丝丝残云的碧空中，她方才回过神来。

一朵雪花飘落在她的脸颊上，瞬间便消融了，留下一片清浅的水渍，好似不着痕迹滴落的泪花。

远处有行人匆匆忙忙地往家里走，女词人垂敛眼眸，推门进了狭小的客栈。

她环顾四周，想起了那次夜宿的经历，那时候，她同他的感情遇到了些危机，她去见他，又有些排斥，不免怀念起

自己的姊妹来。可是现在她方才知晓，那些忐忑是多么肤浅。原来，人是这么的脆弱，一不小心就不在了。

简陋的木窗外飘着纷纷扬扬的雪花，她有些冷，在室内升起了炉子，炉烟自炉子里直直地升起。

在微微烛光的映照下，她头上插戴着的凤钗是那么的明亮，凤钗上的装饰是那么的轻巧。

在孤寂凄清中，女词人和衣睡下。

昏暗的烛光下，她的唇角有一丝笑意，不知是否在梦中遇见了良人。

四处有凄凄的号角声响起，这号角声终于将晓色催促来了。

她叹了口气，起身，看晓漏已经是黎明时分了。斗转星移间天便将破晓了，时间原来就这般快地流逝了啊。

转眼间天光大亮，一地洒满清晨澄澈的阳光。

想来，报春的花儿也快要开放了吧？

她披上衣服，走向门外，眼前一片空旷，她顺势远眺，恰一阵冷风吹来，吹得她瑟瑟发抖。

唉，都怪她太贪心了啊，这还是早春天气呢，西风依旧余威阵阵，花儿也仍然受到料峭春寒的威胁，哪有心思出来争春呢？

这首词里的李清照虽然悲伤依旧，但那种痛彻心扉消解了不少。笔者想，此时的她已然看破天命，不再那么执着于过眼云烟了。对于一切生活的苦难，她已经可以淡然接受了。

她这时候的词风，平和中透露着悲伤。她已是一个愁眉不展的忧郁妇人，再也没有年少时的小女子情怀了。

有时候，长大或者变老真的不是一个渐变的过程，而是在某一瞬间，就突然老去了。

这之后，她对于世间的一切，都失去了兴趣以及欲望，只剩行尸走肉跟作为他的妻子的责任。

同时期还有另一首词，叫作《行香子·天与秋光》。很多人都认为那不是李清照写的，此处便不作细说了。那首词如确为易安所作，应该同《醉花阴·重阳》连起来看，《醉花阴·重阳》写生离，《行香子·天与秋光》写死别，很是有一番尘埃落定的宿命感。

关于那首词，笔者很喜欢“渐一番风、一番雨、一番凉”这一句，很得清寒意味。与吾有同好者，可以取来一看，私以为还是很得易安词风韵的。

逝者不可追

李清照后半生过得漂泊无依跟一个人有很大的关系。这个人是谁呢？就是之前说的那个叫“云”的小妾。

赵明诚何时纳了这个小妾没有留下任何的典籍记载，约莫是在重新出仕的时候娶的，但赵明诚宠爱这个小妾却是毋庸置疑的。

就易安笔下的诗词来分析，赵明诚跟李清照这一生都很恩爱，虽然有矛盾有别扭，赵明诚也养过歌姬和小妾，但李清照都是当她们不存在的。唯独在赵明诚走出青州，重新入仕，纳了这个叫“云”的小妾之后，她才深感惶恐和疏离。

由此可见，这个女子绝非一般人。

传言，这个小妾在李清照伤心地为赵明诚办理丧事的时候，侵吞了赵明诚绝大部分的家产，然后消失了，只留给李清照一个空壳。

在洪州沦陷之后，李清照带着少量轻便的书帖典籍仓皇南逃。在南逃过程中，流民遍地，曾经歌舞升平的太平世界顿时露出了彼此倾轧的狰狞面目。很多流民就跟朝廷一样，对待敌人脓包至极，对待自己人却凶恶似虎。

一路上，李清照见识了太多贪婪的眼神，她迫不得已，只能去投奔那时任敕局删定官的弟弟李迒，并且在之后的很长一段时间都住在他那儿。

写下《南歌子·天上星河转》这首词的时间，理应就是寄人篱下的那个阶段。

天上星河转，人间帘幕垂。凉生枕簟泪痕滋。起解罗衣，聊问夜何其？

翠贴莲蓬小，金销藕叶稀。旧时天气旧时衣。只有情怀，不似旧家时！

深夜，天上星河寥寥，圆月高挂。她刚刚赶到弟弟家，风尘仆仆，落魄凄凉。她就着夜色吃完简单的饭菜，就在庭院下的那张孤单的石凳上坐下，静静地看天地浩大，想世人渺小。

也只有在这一刻，她的心绪才会略微平静下来。无数过往的画面如走马观花般在脑际一一闪过，最后停留在赵明诚逝去的那个瞬间。

那时候，她急匆匆赶回建康，见了他最后一面。她以为他会同他回忆往昔，想曾经属于他们的岁月，可他却连她身后的

安排都没有，更别谈好好跟她道个别了，他仅仅是赋诗一首，而后便撒手人寰了。

她的失落可想而知，在那一刻，她又有几分的清醒：自己是不是一直活得太过幼稚了？好像他一直在为生计、理想奔波，而自己却总是沉浸在自己的世界里悲秋伤春。她是不是从来就没有真正懂过他呢？

她有时候想怨他，比如她为他东奔西走，他却跟那个叫作云的小妾你侬我侬，在他死后，云还将他所有的家财卷走了，什么都没留给她，害得她只能投靠自己的弟弟。

她有时候甚至在想，云的行动，是不是其实是他默认的呢？他是不是本来就想将家产留给云呢？

她有很多的问题想问他，可她最想的还是，他能活过来。一旦他活过来，她怕是什么都不会问了，只会对着他傻笑吧。

头顶有一片璀璨的银河，银河不断地转动着，星移斗转后，瞬间便物是人非。

天上人间，到底哪里才是她真正的归宿呢？

她转头看向弟弟给她安排的厢房，房间的帘幕一动不动地低低下垂着。

弟弟遣人来催她赶紧休息，她低低应了声。她站在门帘前，伸出手，碰到门帘……她不敢打开，她怕看到室内的黑暗，她怕听见脚步的回声，她怕，她怕一个人度过这无尽的轮回。她站立了很久，直到月上栏干，直到夜凉如水，她终究低低叹息了一声，而后走进了那无穷的黑暗。

她侧身躺在床上，眼泪不受控制地开始流淌，枕头在一片泪水中逐渐变凉。终于，在辗转反侧中，她还是和衣睡去了。

这一觉睡得很好。

现在，她的睡眠越来越沉了，跟以往等他的时候一点儿都不一样。那时候，她总是彻夜思念。而现在知道等不回他，所以她干脆不等了，她更积极主动地进入梦中，因为只有在梦里，她才能得见他年轻鲜活的容颜，她才能让青春再度重来。

她在迷迷糊糊间醒来，她下意识地脱去昨夜未脱的绸缎外衣，转头随口问道："夜已到何时？"身边只有一墙薄帐无力低垂的阴影，不见一丝人的痕迹。

原来，他真的离开自己了，从此之后，他们的故事将彻底写下结局，她就要一个人过了。

身上是一件穿了多年的罗衣，罗衣上用青绿色的丝线绣成的莲蓬已经变小了，用金线绣制的荷叶也开始褪色，变得单薄而稀疏了。一切都已经变了啊，可为什么她还在想他？为什么每逢秋凉，她还总是穿上这件罗衣呢？

他在她的心里从不曾离去。纵然这世间已没有他的身影，可只要她李清照活着一天，他便存活在她的心里一天。那么，他就仍旧是有生命的。

她如此想着，双手放在心口，像无数次想他时那样。

可是，同是思念，她的心情却再也不能像从前那般带着期待了。

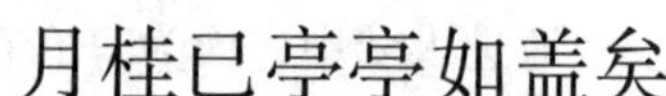

月桂已亭亭如盖矣

窗前谁种芭蕉树，阴满中庭。阴满中庭，叶叶心心，舒卷有余清。

伤心枕上三更雨，点滴霖霪。点滴霖霪，愁损北人，不惯起来听。（版本一）

——《添字丑奴儿·窗前谁种芭蕉树》

窗前谁种芭蕉树，阴满中庭。阴满中庭，叶叶心心，舒卷有余情。

伤心枕上三更雨，点滴霖霪。点滴霖霪，愁损北人，不惯起来听。（版本二）

——《添字丑奴儿·窗前谁种芭蕉树》

窗前谁种芭蕉树？阴满中庭。阴满中庭，叶叶心心，舒卷

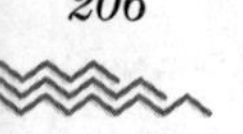

有余情。

伤心枕上三更雨，点滴凄清。点滴凄清，愁损离人，不惯起来听。（版本三）

——《添字采桑子·窗前谁种芭蕉树》

这首词的版本有些多，连词牌名也冒出两个来，一个叫《添字采桑子》，一个叫《添字丑奴儿》。

王学初认为应作《添字采桑子》，而非《添字丑奴儿》，但各抄本均作《添字丑奴儿》，这两个词牌名又同调而异名，所以一时众说纷纭，没有定论。

如此，我们便都附上来，供大家一阅。

关于三个版本也是如此。笔者先前的分析都重在一个意境，而非那些抠字眼儿的细枝末节，因而在这首词里，我们也不去管那些版本之分了（其实各个版本的差距无非也就是几个词的作法不太一样罢了），重点看词里的感情、词后的故事跟词下的真心。

好了，接下来，我们接着上文，继续说李清照在失去赵明诚之后的生活。

李清照还没有从丧夫的悲痛中回过神来，就遇到了一次危机。这次危机的产生，要归咎于赵明诚“爱好金石”的名声。

具体事件可以看一下李清照在《〈金石录〉后续》中的原话：“先侯疾亟时，有张飞卿学士，携玉壶过，视侯，便携去，

其实珉也。不知何人传道，遂妄言有颁金之语。或传亦有密论列者。余大惶怖，不敢言，遂尽将家中所有铜器等物，欲走外庭投进。到越，已移幸四明。不敢留家中，并写本书寄剡。后官军收叛卒取去，闻尽入故李将军家。”

关于这个事，俞正燮在《易安居士事辑》也有所记载：“初，学士张飞卿者，于明诚至行在时，以玉壶示明诚，语久之，仍携壶去；时建康置防秋安抚使，扰攘之际，或疑其馈璧北朝也。言者列以上闻，或言赵、张皆当置狱。”

笔者将前后两个记载归纳整理一下，大致理顺了事情的经过。

在赵明诚病重期间，有一个叫张飞卿的学士拿了一把玉壶给赵明诚看，请他帮忙鉴定，走的时候这个学士又把玉壶带走了。

不知怎的，这事落到有心之人耳中，传着传着就变味了。外界的风言风语骤起，说赵明诚将玉壶献给金国，妄图投靠金人。而此时，赵明诚已经死了，李清照自然就成了靶子。

这事让李清照非常害怕，她思来想去，只能献宝以示忠心。

有所决定之后，李清照赶紧将身边的书籍、杂物收拾妥当，让人送到洪州赵明诚妹夫那里，自己则带着所有值钱的古器去投献朝廷，企图以此来洗刷通敌的罪名。

这也就是分析《菩萨蛮·归鸿声断残云碧》那首词时所提及的，李清照带着珍贵古器逃亡的原因。

后来，她便暂时离开了弟弟的住所，沿着宋高宗的足迹，开始了流亡生涯。

可无奈的是，如丧家之犬般的赵构行踪不定，四处流窜。每当李清照赶到一个地方，赵构的“小朝廷”又迁到另一个地方去了，李清照只能一次又一次地铩羽而归，再一次又一次地整装待发。她就这么一路追着，一直追到海边也没能追上皇帝。

前文曾有所提及，是年十一月，金人攻陷了洪州，李清照寄给赵明诚妹夫保管的“连舻渡江”之书最终落入了李将军手中。

至于这个李将军，笔者遍翻典籍只找到一个叫李继隆的大宋名将，但这位李将军早在1005年便逝世了，因此不可能是他。所以，直到最后我们也不知道，到底是哪位李将军得了易安的东西。

他是善是恶？他有没有好好对待这些文物？他最后有没有将这些东西还给李清照呢？这都不得而知了。

剩下的李清照贴身携带的宝物也大多在流亡过程中或被盗或遗失了。至此，李清照算是孑然一身了。

金人退兵之后，皇帝回到杭州，李清照这才跟着回了杭州。不过，那时候她已经四十有九，那又是另外一段凄苦的人生阶段了。

我们还是先品味这首词里的易安居士吧。

这一年，她四十六岁，尝尽了生活的苦楚。

城中谣言四起，说她已经逝去的夫婿通敌卖国，还献宝给金人。这样的谣言在闻金色变的乱世会产生什么样的后果，她比谁都清楚。

以前有他的时候，她只觉得他懦弱，不够大气，可现在她才发现，没有他的庇护，她的生活万分艰辛。

原来，他也曾替她撑起一片天。只是她向来眼高于顶，从未顾念过他的好。

她想，他们二人最后的冷漠也不全然是他的原因，自己也有很多做得不好的地方吧。

她好像从来没有认真地夸过他一次，只在和他的争论中固执己见，压制他之后得意无比。也是从那时候开始，自己的争强好胜伤了他，他再也不想跟她吟诗作对了吧。

念及此，她方才知晓自己到底有多错。她没有一刻不恨自己这要强的个性，恃宠而骄多年，只会咬文嚼字，对他却从未有过真切的感激。

可是后悔了，他还能再回来吗？

她收拾好行李，背上行囊，看着这个才刚来落脚没多久又要离开的地方。

这是弟弟的家，照理说，她对此并没有多深的感情，可她却依旧不舍。如果可以，她多想有个家啊，有个跟他的家。她想起了青州的“归来居”，那处地方早在很多年前就已经被焚毁了，连同他的痕迹。

那里，可比这里美多了。

她呆呆地看着窗外，不知是谁在窗前种下了一棵芭蕉树，树荫遮蔽了整个庭院，叶片和蕉心相互依恋。

她还记得，她刚到青州的时候看到过一棵桂花树，她还给那桂花写下过“自是花中第一流”这般的溢美之词。那时候，

他跟她说，那株桂花树是他年幼时种下的，想不到已经长这么大了。

是啊，庭有林木，君幼时植下矣，自君离去，树已亭亭如盖矣。

她的泪瞬时就落了下来。

她伸手抚上树木，思忖良久，终于还是踏上了寻找朝廷之路。

就算是为了他的死后清誉，她也要走上这一遭啊。

到夜晚的时候，她终于赶了十几里路，路边饿殍遍野，人们面有菜色。

她住进简陋的旅店，怀揣着满怀愁情上床，却如何都无法入睡。她翻来覆去，一点点细微的声响都让她担忧，担忧随身携带着的古器。

这些古器万一被偷了，万一引人觊觎了，可怎么办呢？

如此想着，她终于迷迷糊糊地睡着了，可偏偏又被淅淅沥沥的雨声惊醒。

雨声点点滴滴，敲打着她的心扉。往事纷乱如云，一点点呈现。

她再也躺不下去了，干脆披衣起床，在无尽的黑夜中，写下对他的思念。

过去终究无法重来

风定落花深，帘外拥红堆雪。长记海棠开后，正伤春时节。酒阑歌罢玉尊空，青缸暗明灭。魂梦不堪幽怨，更一声啼鴂。

——《好事近·风定落花深》

根据陈美祖在《李清照词新释辑评》中的推断，这首词应该是作于赵明诚谢世的第二年春天，也就是1130年。

这时候，李清照已经从赵明诚离去的巨大悲伤中恢复了些许神智，但她的精神状态却依旧极为空虚寂寞。事实上，她的这一空虚寂寞，一直延续到生命的最后都未曾变过。

彼时，正值春将逝去，李清照从噩梦中惊醒，作下此词，以示对年华渐去的无奈和感伤，再联系到她的处境，颇具宿命味。

老样子，为了分析这首词的写作背景，我们还是先看看李清照的足迹吧。

前面说了，为了表示忠心，女词人将珍贵古器随身携带，想要表进于朝。她一路随着朝廷的足迹前进着，终于在建炎四年(1130 年) 的春天，流徙到了浙东一带。

对此，李清照有如下记录："到台，台守已遁。之剡，出陆，又弃衣被。走黄岩，雇舟入海，奔行朝，时驻跸章安，从御舟海道之温，又之越。"

李清照辗转多地后跟随御舟从海道去温州，又到了越州。这首词，应该就作于李清照滞留越州、举目无亲、前途不明的时候。

她连日来舟车劳顿，刚刚安顿好落脚的地方，就遭遇了一场大风。

她坐在客栈的窗边，在寂寞昏黄的孤灯下，拿出残存的拓本开始阅读，可呼啸的风吹得她心绪不平，半天都没有翻过去一页。

她想到了很多东西，最后，思绪停留在那年醉后的海棠上。

"我在汴京的旧宅现在是谁在住呢？那个人是否跟我一样有赏花的雅兴呢？她会不会善待我的花呢？"她这般想着，也不知过了多久，耳边呼啸的风终于停了。想来，地面的落花一定积得很深吧？她痴痴地想着，而后鼓起勇气，掀开了帘子。地面果真红红白白一片，皆是凋零的春色，果然跟记忆中的景色一样。

她最近时常想起一些旧事，连同着故乡海棠花开的景致，她记得她写下那首《如梦令》也是在暮春。

犹记得二十多年前，有一个男子在花灯下问她："请问，姑娘可是《如梦令》的作者，李家小姐？"

他眉目修长，眼神幽深，脸上有或明或暗的灯光流转。

那时候，她一个转身，便落入了那双猝不及防的眼，她以为一切都是偶然，并未放在心上。可那样的一次相见，她就这么生生地记了好多年。

一眼万年过，原来，那时候她就已经爱上他了吗？

忆起往昔，不由得悲从中来。

她就着残花缭乱一杯又一杯，耳畔有断断续续的清歌缥缈而过，如梦似幻，不甚分明。

她喝得太快，转眼间酒干了，歌停了，杯子也空了，只有一盏昏黄的青灯在眼前忽明忽暗，渐渐熄灭。

忽然间，一片淡红的花瓣随风从青瓦上飘落，带着无言的故事，慢悠悠地落在眼前，又一阵杜鹃的哀鸣飘来，哀哀切切，使人肝肠寸断。

关于这首词，还要提一句，这个词牌用得真好。

"好事近"包含着美好的企盼，隐喻了对未来的向往，当然，向往未来又企盼美好必然说明现在过得不好。

因此，一个简单的词牌名就直接表达了这首词的目的以及中心思想，不可谓不高明。

而该词的本名是“悼春”，笔者以为首句的“风定落花深”更有意味，暗含着一种尘埃落定的无力感，配上对于“好事近”的企盼，更具有一种“往事不可追”的悲伤余味。

《好事近》又名《钓船笛》，《张子野词》入“仙吕宫”，来源是张辑的那句“谁解百年心事，恰钓船横笛”，表达了一种闲散的野趣。

南宋时有一位叫朱敦儒的诗人，晚年为秦桧做事，于秦桧死后遭罢官，他一气呵成之下写了六首《好事近》表达自己的志向。不过，朱敦儒此举是为避祸写就还是真心而写的就不得而知了。

易安用法更妙，明明不好，明明也没什么好事，却偏偏反处境而用之，真乃风趣幽默见沧桑啊！

这也许就是易安居士能摆脱千年封建的桎梏，在女词人中独树一帜，惹一众男儿竟失色的原因吧。

易安她，真真是将女子的柔情与男儿的坚韧发挥到了极致啊。

置死而后生

前文说了，在李清照的诗词生涯中，有三首词至关重要。

其一是少女时期的代表，也是使她名动天下的作品——《如梦令·昨夜雨疏风骤》；其二是她闺阁之时的代表作，描写她作为少妇的愁情相思，同时也是她婉约风格的顶级之作——《一剪梅·红藕香残玉簟秋》；这第三首，便是这首表现她内心深处的豪情万丈，突破时间、空间限制的豪放之作——《渔家傲·天接云涛连晓雾》：

天接云涛连晓雾，星河欲转千帆舞。仿佛梦魂归帝所。闻天语，殷勤问我归何处。

我报路长嗟日暮，学诗谩有惊人句。九万里风鹏正举。风休住，蓬舟吹取三山去！

这首词有多特殊呢？

黄苏在《蓼园词选》里评此词是："浑成大雅，无一毫钗粉气。"

梁启超评此词是："此绝似苏辛派，不类《漱玉词》中语。"

这首词确实不像李清照其他的词，她的词大部分都是哀怨婉约、极具女性特色的，即便是少数几首相对豪放的诗，豪放程度比苏东坡、辛弃疾等也是多有不及的。

但这首词气势磅礴、想象丰富，把真实的生活感受融入梦境中，把屈原的《离骚》、庄子的《逍遥游》以至神话传说都谱入到宫商中来，使梦幻与生活、历史与现实融为一体，构成气度恢宏、格调雄奇的意境。全词浪漫而不羁，极具哲学美感。

这首词开篇便不凡，用天接着云和波涛、星河下的千帆逐着浪漂移展现了一幅辽阔、壮美的海天一色图卷。如此开阔大气的境界，别说在李清照词中很少见，即便是在唐五代以及两宋词中都是极其少见的。

那么，李清照的词为什么会突然改变风格呢？事实上，易安之后的词作也并未作清一色的豪气冲天状，大部分又恢复了她以往的词风。唯独这一首，好像是李白突然附体了，然后挥笔写就了这么一首。

当然，李白是不可能附体的，但易安的精神世界却有可能和李白互通。

他们看到相似的景色，被同一种豪迈冲击着心神。

那么，李清照这个闺阁女子，又如何会写下与自然共通的

诗词呢？我们还是先说说李清照又有什么经历吧。

李清照一路追着宋高宗，结果自然是又连续扑了个空，而后听说“小朝廷”在黄岩，又急急忙忙往黄岩赶。途中，为了赶路，遵赵明诚所言，丢掉了衣被，雇船入海。

1130 年十二月，宋高宗下旨，命令郎官以下的官吏都分散出去，易安居士便去了衢州。绍兴元年春三月（1131 年），易安居士终于在杭州安定下来。

彼时战火纷飞，陆路不通，宋人多从海路走。这一路走来，她自是在海上漂泊了很久很久，她看遍了大海的豪迈，领略了天地的阔大，也意识到了人类的渺小。她内心受到的震撼必然是巨大的，由此她产生了神魂共通之感。而后，将自己的所见所感写了出来。

还有一件事使她血脉偾张、豪气万丈。那就是刘豫在金人的扶持之下建立伪齐政权。

刘豫自幼缺乏教养和德行，曾偷过同学的白金盂、纱衣等物，宋徽宗不喜欢他。后来，金朝南侵，备受北宋朝廷冷落的刘豫献城投降，于建炎四年（1130 年）七月二十七日，被金朝册封为皇帝，国号大齐，建都大名府。金人此番作为的目的是借伪齐在政治上残暴压迫、经济上聚敛财物、军事上助金攻打南宋。

彼时，但凡有点血性的人对这个所谓的“伪齐”政府都愤怒不已，李清照便曾做诗斥之曰：“两汉本继绍，新室如赘疣。

所以嵇中散，至死薄殷周。”

而这首词也多半是在这一背景下写就的。

李清照一直记得，自己在海上飘荡的那段日子。

那时候，她因为追赶宋高宗而四处飘零。因为陆地很多地方都被封了，通行很不方便，所以她很长一段时间都是在海上度过的。

海天相接，云雾相连，一片迷茫，一眼望去，分不清哪里是海哪里是天。

夜晚，她独自一人坐在甲板上心无旁骛地看这天地浩渺，忘却了小我，仿佛与天地共通起来。

银河像要随着船的颠簸翻转过来似的，海面上几千艘帆船像梭子一样追逐着浪花漂流。

这种壮阔，她先前从未见过。原来，她过往的人生是那般的肤浅且苍白。天地浩大，而她却整天关注的自己内心的小情小爱。

她正懊恼着，不知为何竟迷迷糊糊睡着了。

她的魂随着云雾飘到了天庭，天帝坐在金光闪闪的座椅上向她传话。她听见他殷勤地问道：“你可有归宿？”

女词人回报天帝说：“眼前是屈原所说的长路漫漫，我亦同他一样，哀叹着年华的老去。我年少时学习过写诗词，也曾写下很多被人称道的句子。可是如今看来，那些东西什么用都没有，不值一提啊。”

那一瞬间，她将自己面对生活的无能为力悉数倾吐了出来。原来这些年，她不是没有过懊恼，也不是一直都这般的无怨无悔。

她说完这话之后，一切都于瞬间消亡，眼前的玉帝也不见了，只有长空九万里，碧波无云雾。

原来，这只是她做的一个梦。

她果然是老了，竟然开始后悔，开始怨天尤人，开始将一腔抱负寄托在这些虚妄上。

一阵猛烈的海风刮来，天空一片幽深、寂静，什么都没有。

她想起了庄子的《逍遥游》，她呆呆地看着半空，多希望有一只大鹏冲天高飞，载她到达目的地。

可是，哪里有什么大鹏呢？只有这从远处吹来的风。

既然如此，那么风啊，请你千万别停息，猛烈地刮吧，将这一叶轻舟，直送往蓬莱三仙岛。

可以说，这首词是置之死地而后生的一首词。

什么意思呢？就是说，经历过最深重的苦难、最铭心的哀恸，女词人的顾影自怜彻底消散无穷了，她的婉约和柔弱被置之死地了，而后再生出来的便是一腔豪情、一片雄心。

而这样的一个她，却依旧要抱着对生活的无奈，对外敌的怨恨，以及对朝廷的恨铁不成钢过完下半生。

这是逼不得已的，也是极其无奈的。

如此，便将豪情付诸笔端，让这豪言壮语直透沧海、直跃天穹、直达数百年后，震撼同一片天空下的另一群人吧！

第六章　凄清晚年

故事的最后还剩什么呢？

曾经名动京师的辉煌，后来倚门回首的浪漫，抑或是『归来堂』中种豆南山的闲适？

大约都有，抑或者没有，已经无从考证了。毕竟，那个时代，一名女子人生的最后历程，是没有被记录的资格的。

唯一可以体会女词人人生最后境遇万分之一凄凉的，大约要数她自己那一句『凄凄惨惨戚戚』，大约要看她义女那一句『才藻非女子事也』。

原来，她这一生竟如此被人看轻。

可是啊，那又如何呢？千年以后，所有当时美满的、辉煌的、美丽的……早已被遗忘在历史深处，唯有易安，唯有那些诗词，依旧高悬历史星空，亦会永远光彩熠熠。

器物被盗

临高阁，乱山平野烟光薄。烟光薄，栖鸦归后，暮天闻角。

断香残酒情怀恶，西风催衬梧桐落。梧桐落，又还秋色，又还寂寞。

——《忆秦娥·咏桐》

这首词与《南歌子》相同，都属于悼念之作。

此词旧本有的将其题作“咏桐”，也有的直接把它归入“梧桐门”。这其实是只看字画，不顾内容所造成的误解。我们也将这种误解称为“见物不见人”，因为此处的“梧桐”是“人”，也就是赵明诚的象征，而不是单纯的特指物。

李清照在词作中曾多次提及梧桐。可以这么说，她的婚姻及生存状况，从“梧桐”丰富多变的意象中便可窥见一斑。比如，赵明诚仍健在时，她写下《念奴娇·春情》，里面就用了

“清露”中的“新桐”来作意象，这一意象清新自然，表现了小夫妻之间的浓情蜜意；后来，在那首著名的《声声慢·寻寻觅觅》中，梧桐就变成了“细雨”中的秋桐，那时候的李清照在岁月的磨砺中又经历了更多的苦难，整个人的心态已然偏向对尘埃落定的无奈，所以，虽然“梧桐”依然意味着哀伤，却没有大悲大恸；再到《鹧鸪天·寒日萧萧上琐窗》，李清照说“梧桐应恨夜来霜”，这仿佛意味着是“夜来霜”在催逼“梧桐”，与此词的“西风催衬”类似，表露出一种对于恶势力以及生活苦难的愤恨，同时还有一种无能为力的挫败感和无力感在里面。

关于此词的创作时间，有人认为它作于南渡之前，是思夫之作；有人以为它作于南渡之后，是悼念亡夫之作。两种说法莫衷一是，已经没法去确切地考察了，但更多的人倾向于后者。

词中表达的是一种痛彻心扉的感情，乱山、栖鸦、残酒、恶、西风、寂寞等重色彩的词相互叠加之后所晕染出的绝非失恋的小哀小怨。

从全词的意境看来，李清照塑造的世界是一个幽深旷远、空无一人的灰色世界。这个世界只有她一双隐形的眼睛，在沉重地看着这一切。

再看看她以往感情失意时留下的笔触：“纵浮槎来，浮槎去，不相逢”，用一种牢骚的口气讲述了对于分别的无奈；“甚

霎儿晴，霎儿雨，霎儿风”则通过天气的阴晴不定表达了对于夫君心思难猜的失意。彼时是赵明诚想纳妾的时候，那应该是属于赵明诚跟李清照最疏远的时候了，要论失意，除却对于国破的愤怒，那时候的失意理应最深。可即便如此，她的用词也是很轻巧的，绝对没有重色调的阴暗。

由此可以确定，作下这首词时李清照应该是什么都没有，又连遭生活的打击。

这一年，李清照依旧在无限追寻宋高宗的路程中，为了将宝器“表进于朝”，以打消朝廷对赵明诚的误解，她随身携带了很多珍贵的古器。就在这种情况下发生了一件事，也就是这件事让李清照几乎遭受了致命的打击。

这一年，李清照辗转流落到了浙江绍兴，当地客栈人满为患，她为了保护手头的古器，便避开了那些鱼龙混杂之所，选择借住在当地一个姓钟的居民家里。

一天晚上，李清照正在秉烛夜读。突然，墙壁有“簌簌”声响起，李清照马上警惕起来，刚想找这位姓钟的居民帮忙，墙就被砸坏了，而后飞速窜进来四五个彪形大汉。他们没有给她任何机会，背了五筐器物便翻墙而去，留下她一人愣在原地。她回过神来之后大声疾呼，想寻求人来帮忙，可钟氏一家半天都没过来，只有她一个人看着空空如也的屋子瘫倒在原地。

那一刻，她甚至想到了死。

后来，女词人强逼着自己从巨大的悲痛中走出来，她还想

寻找一线生机，毕竟，那些古器是她的生命啊。

万一还能够把这些器物再要回来呢？她四处张贴告示，说是要重金悬赏，将古器收赎回来，一字未提是被人盗了去的。

她估计这些贪心的匪人知晓她一介女流，没有什么本事对他们做出些什么，因此肯定会再回来。

两天后，邻人钟复皓拿出十八轴书画来求赏，李清照彼时才知道，原来那盗贼就是身边人。可知道是他盗了自己的器物又能怎样呢？在这个乱世，朝廷尚且难以自保，更别说奢望当官的去为民除害了。

李清照清楚地知道这一切，便没再奢望别的，只是哀求钟复皓把那些珍贵的器物还给她，可钟复皓这个贪心的人却无论如何都不肯再拿出来了。

很久以后，李清照才知道，那些丢失的器物是被福建转运判官吴说贱价买去了。

至此，那些所谓“岿然独存”的东西，已经去掉了十分之七八。剩下一二件残余零碎的，有不成部帙的书册三五种。可就这平平庸庸的书帖，她还得像保护头脑和眼珠一样爱惜它们，因为，除此以外，她真的一无所有了。

好了，既然知道作词背景了，我们接下来好好品赏一下这首词吧。

这一天，李清照登上了高高的楼阁。

天光微弱，云雾淡漠，整个世界似真似幻。

山峦横七竖八的，空旷原野笼罩在烟雾中。远处的一切影影绰绰，不甚分明。她一瞬间有一种错觉，觉得下一刻会有怪兽或者奇迹从浓雾中走出。

她心底生出一线希望，好似浓雾中透出的微弱光亮，却从未消失。

今后的路，要怎么走呢？

微光中一只乌鸦飞回了巢穴，而后天色便彻底暗淡了下来。

军中号角声猝不及防地在耳边响起。

战争又要开始了吗？

她呆呆地想着，她还记得这一路的饿殍遍野、狼烟烽火，她多么渴望和平啊。可是，和平也是要战争才能换来的。

楼阁里的香火就要熄灭了，酒盏里的美酒也所剩无几，这光景令她的内心好不悲苦凄切。她还来不及感慨，严酷萧瑟的秋风便迅疾地从未知名时空而起，催逼着加快了梧桐的飘落。

梧桐落了啊，连最后的一抹亮色都要不见了吗？从此之后，她的人生就只有衰败和残破了吗？

这一切叫人感到那么孤独、冷落。

再嫁张汝舟

李清照这一生，享受过美美的爱情，得到过很高的赞誉，同时，也经历了沉痛的巨变和伤人的诋毁。

她受到的诋毁，生前身后都有。

说到这个，我们先谈谈南宋的风气吧。

从“靖康之难”开始，节烈被宋代道学家所注意。起因是北宋后宫的妃嫔、宗室妇女全部被掳到北方为奴为娼，使得北宋宗室受尽耻辱。宋高宗的母亲——韦太后，被迫嫁给了金国的大臣为小妾，并为其生下两个孩子，后来还被抛弃而沦落为妓女。

总之，从此之后，道学家们便舍弃了北宋时期“重生存轻贞节”的观念，转而大力提倡妇女“舍生命保贞节”。在“靖康耻，犹未雪，臣子恨，何时灭”的大环境下，这一观念也逐渐被士大夫所接受。因此，李清照的所作所为才显得那般惊世骇俗。

如何个惊世骇俗法呢？李清照改嫁了！

事情还是从头说起吧。

绍兴二年（1132年）正月，高宗到达杭州，李清照随后也到达了杭州。

三月，朝廷举行科举考试，重新开始选拔任用人才的制度。张九成中了状元。李清照看不惯张九成那词藻华丽、阿谀谄媚的文风，便写了一封对联嘲讽他。

对联如下：露花倒影柳三变，桂子飘香张九成。

这副对联是什么意思呢？

当年，柳永在《破阵乐》里写了一句，“露花倒影，烟芜蘸碧，灵沼波暖。”而张九成的对策中有一句“澄江泻练，夜桂飘香”。

这样看没什么大问题啊，李清照在将张九成跟柳三变相提并论呢！柳三变是谁啊？大词人啊！

可坏就坏在，李清照曾经写过一篇《词论》，其中评柳永是“变旧声作新声，出《乐章集》，大得声称于世。虽协音律，而词语尘下”。

如此，也就明了，李清照在嘲讽张九成文风堆彻、抄袭名家呢。

李清照此举其实有两点不合适。其一，毕竟柳三变早已作古，而且柳三变在民间的威望还是很高的。其二，张九成是皇帝亲选的状元，你嘲讽张九成，不就是连朝廷官员、选拔

制度以及当朝皇帝都给嘲讽了个遍吗？

正因为这两个原因，此联一出便引起了士大夫对李清照的诸多不满，众人都认为她太尖刻，而张九成及其亲友自然也对其怀恨在心。

李清照在屡遭打击、连日奔波之后，身心极度疲惫。这正是牛鬼蛇神趁虚而入的时候，张汝舟便是其中之一。

这一年，李清照四十九岁，这在古代已然算是晚年了。女词人膝下无子，寄住在弟弟家。这时候，竟然有媒人上门来求婚。

李清照内心之中的震颤是可想而知的。竟然有人不在乎她年老色衰来求婚，这个人想必是真心对她的吧！

李清照一度漂泊无依、孤独前行，此时碰到一个想要给她撑起一片天的人，她的感动是理所当然的。更何况，张汝舟还仪表堂堂、能说会道。终于，在这一年的夏天，李清照嫁给了张汝舟。

她以为她的一切厄运就要过去了，她以为她还可以以爱为名获得晚年的安逸生活，她以为……所有的一切不过是她以为。

婚后，张汝舟很快露出了他的獠牙。原来，他根本不是看重李清照这个人，他看重的是李清照身边尚存的极其珍贵的金石书画和钱财。

张汝舟丧心病狂地掠夺李清照的财物，李清照不同意，他便对李清照拳打脚踢。

她在这段婚姻中受了多大的折磨，可以从她“宁为玉碎不为瓦全”的决绝态度中窥见一斑。

那时候，女子无法主动结束一段婚姻。而张汝舟不达目的是绝不可能休妻的。难道李清照只能在这段绝望的婚姻中忍受吗？不，若选择忍受，那就不是她了！

“生当作人杰，死亦为鬼雄。”痛苦中的李清照终于决定向朝廷告发张汝舟“妄增举数入官”的劣迹，并请求朝廷判他们离异。张汝舟职掌诸军审计，却欺骗上级，贪污虚报，这一举动直接影响朝廷利益，此时军务又重，既经告发，朝廷不可能不管。恰好，与李清照有点亲戚关系的綦崇礼正是朝中宠臣，他从中促成，使朝廷很快就对此事作了处理。

告发一事发生在九月，朝廷于十月份便对张汝舟定罪行遣，李清照亦得以与之离异。这段婚姻共历时一百天。

然而，按宋代刑法，妻告夫者虽属实，仍须服刑两年。

李清照告发张汝舟的时候当然不可能不知道自己要受刑法处置，然而她愿意以白首之年再去坐两年牢，其中之决心，实在让人唏嘘不已。

好在得到綦崇礼的援手，李清照只是被拘押九日，之后便被释放了。为了报答綦崇礼的搭救之恩，李清照还写了一封致谢信给他。这封信除了表达其不愿受辱而抗争的勇气、“感戴鸿恩”的感激之情还叙述了受骗再嫁的经过和张汝舟的卑劣行径。

事情虽然结束了，却为她召来了小人们的飞短流长，“无

根之谤”四起，给她带来了巨大的心理压力。可即便面对着世人的讥讽，李清照也从未后悔过。

那么，李清照答应跟张汝舟在一起的直接原因是什么呢？

其实，在李清照给綦崇礼的那封信里就有答案。

从李清照的书序、信函和诗词中可以看出，李清照这一生总共患过两次重病，一次是在赵明诚去世之后，一次是在1132年的八月。第二次生病差点儿使她一命呜呼，“近因疾病，欲至膏，牛蚁不分，灰钉已具”的她将这时候出现的张汝舟当成救星，进而有了之后的一系列变故。

原来，都是生病惹的祸啊！

由此可见，一定要好好爱护身体啊。身体不好，很容易使得心绪不佳，进而使高尚的心灵失去栖居之地。

好了，接下来，我们还是回到诗词中，回到易安病重的状态，一起体味她的脆弱和惶恐吧。

病起萧萧两鬓华，卧看残月上窗纱。豆蔻连梢煎熟水，莫分茶。

枕上诗书闲处好，门前风景雨来佳。终日向人多酝藉，木犀花。

——《摊破浣溪沙·病起萧萧两鬓华》

这时候，她奔波的生活终于安定下来了，她暂住在弟弟李迒的家中。因为嘲讽张九成的缘故，她被很多人攻击。

她内心惊惧又悲伤无比，进而血滞于胸，引发大病。

她每日卧病在床，闲看窗外枯树，静思过往人生，就这么过了大半个月，病终于好些了，但女词人的心境却再也恢复不到往昔的无忧了。

她偶尔从房中那简陋的铜镜里看到已经稀疏的两鬓。这两鬓边的白发，经历过这场大病，又添加了些许，显得她更加苍老了。

她幽幽叹了口气，再不去看那镜中的人，拖着大病初愈的残躯，无言地卧在床榻上看残月照在窗纱上。

她想起了很多很多，有青年时与他相拥花市的浓情缱绻，也有后来君有二心的伤心无比，再到最后，他挥手离去的痛彻心扉。原来，人生真的只是大梦一场，几度秋凉。一切，都如梦如幻。她的泪簌簌地落下。

她静默半晌，将豆蔻煎成沸腾的汤水，也不用强打起精神用茶匙取茶汤分别注入盏中饮食。

一个人吃饭，一个人看书，一个人赏花。从未有一刻，她这般闲散地低沉，这样无恙地沉沦。可这样一种状况，谁说不是与自己相处的最好时候呢？

靠在枕上读书是多么的闲适啊，门前的景色在雨中变得更佳了。

她用双手托着下巴，认真地看着雨中的木樨花。这些普通的小花儿也在风雨中朝她开颜，似在给她力量。这些天来，也就是这些深沉含蓄的木樨花在整日地陪伴着她啊。

这首词通篇用白描，语言朴素自然，情味深长。

可见，李清照那时候的心态定然是生无可望下的随波逐流，她对于很多东西都失去了信念，对于生活也没有抱太大的希望，异常脆弱。

笔者认为，李清照改嫁张汝舟之事不足以成为李清照人生中的污点。古人对其指责，实际是受封建礼教观念束缚的结果。

不若“打马”去

风波过后的两年，李清照的生活彻底静了下来，静到坐山参禅的境界，与其个人情况相反的是日趋白热化的国事。

1134年，金人联合伪齐大肆侵犯南宋，首先攻打了滁州，后来又围住了亳州。伪齐侵犯安丰，韩世忠等著名将领在大仪镇大败伪齐跟金的联军，后来，金人继困住承州之后又围住了濠州。宋高宗坐不住了，再次三十六计走为上计，驾着一艘小船渡过平江，跑了。

同年十二月，金人久攻不下开始撤退，敌势稍有缓解。当时，李清照为了躲避战乱，已逃到了金华，住在一位姓陈的人家里。

这时候，她孑然一身，历经千难万险，还见惯了人心险恶，终日在连天烽火中飘泊，处境不可谓之不凄惨，内心不可谓之不绝望。

早在绍兴三年(1133年)五月的时候，朝廷派遣枢密院事韩肖胄和工部尚书胡松年出使金国，去慰问被囚于北方的徽、钦二帝。李清照听闻这一消息后，本已熄灭的希望之火又再度在心头燃起。为此，李清照曾写下两首浩浩荡荡的长诗，表达自己的心意。

全诗中，李清照以“闾阎嫠妇”之身发高瞻远瞩、深谋远虑之见，实属难能可贵。

她对于宋高宗以“孝”为掩饰的“主和”行径，进行了无情的揭露：“土地非所惜，玉帛如尘泥。谁当可将命，币厚辞益卑。”那哪里是孝顺，明明是怕父兄回来抢了自己的皇位吧。

她对肖胡二公寄以厚望：“愿奉天地灵，愿奉宗庙威”“想见皇华过二京，壶浆夹道万人迎。”

她对于敌人的凶残本质，也有着清醒的认识：“夷虏从来性虎狼。”

……

全诗还有很多闪光点，此处便不一一列举了。李清照老病交加、讥谤缠身，仍旧无怨无悔地担忧着国家以及民族的前途命运。其赤子之心，何等炽热！

可惜的是，韩肖胄、胡松年自然没能如女词人所愿那般，成为收复失地的民族栋梁，金国更是屡次侵犯南宋，使宋高宗狼狈不堪。

1135年三月，李清照看着百花落尽，不禁悲从中来，写下了这首《武陵春·风住尘香花已尽》：

风住尘香花已尽，日晚倦梳头。物是人非事事休，欲语泪先流。

闻说双溪春尚好，也拟泛轻舟。只恐双溪舴艋舟，载不动、许多愁。

她来到金华已经有一段时间了，这段时间虽然局势变好了些，可她在紧绷的神经松懈之后毫无死里逃生的庆幸，而是有一种深深的无力和悲哀：这种生活，什么时候才能结束呢？

她坐在房里，呆呆地看着窗外恼人的风雨，一直从大雨倾盆到骤雨初歇。探出窗口的花枝光秃秃的，枝头的花朵悉数都被暴雨冲刷着落尽了，沾花的尘土应该会散发出微微的香气吧。

一抹明黄的光辉从窗口探入，她抬头看看，日头已经高挂，可她仍旧无心梳洗打扮。怎么会有心思梳洗打扮呢？春去夏来，花开花谢，自古如斯，什么都如过眼云烟般消失得丁点儿不剩。唯有伤心的人、痛心的事，依旧留在她的内心深处，使她愁肠百结。她一想到这些，便泪如雨下。

她记起有人说双溪的春色还不错，莫不如就去那里划划船，姑且当散心吧。

划船啊……蓦地，她就想起了年少时的那个溪亭日暮，那时候的她可真开心啊。

可现在呢？她都不敢真的去划船了，她担心双溪那叶小船

载不动她内心这沉重的忧愁。

李清照与金华的故事，跟愁有关，跟诗词有关，也跟打马棋有关。

关于打马棋，是这样的。

绍兴四年(1134年)，李清照完成了《〈金石录〉后序》的写作。十月，避乱金华，写成《打马图经》并《序》，又作《打马赋》。

《打马赋》虽为游戏文字，却涉及时事，借谈论博弈之事，引用大量有关战马的典故和历史上抗恶杀敌的威武雄壮之举，热情地赞扬了谢安等忠臣良将，暗讽南宋统治者不识良才、不思抗金的庸碌无能，寄寓对收复失地的愿望，抒发了个人“烈士暮年”的感慨。

很多人因为《打马赋》而认为李清照是个赌徒，其实不能这么认为，因为打马棋实则是一种棋术，属于琴棋书画一类的游戏，并不同于今日的“打麻将”。

关于诗词，除了这首《武陵春·风住尘香花已尽》，还有一首《题八咏楼》，这是李清照住在八咏楼附近时写下的一首诗：

千古风流八咏楼，江山留与后人愁。
水通南国三千里，气压江城十四州。

笔者更喜欢这首诗的前两句，这两句也被悠然垂挂在八咏

楼前，当作八咏楼的门面。

笔者喜欢这种豁达和淡然，也喜欢这种面对岁月流逝、故事终结的洒脱。

岁月是这个世间最为珍贵，也是最为公平的东西。没有一个人，不会在岁月面前败下阵来，哪怕他力拔山兮气盖世，哪怕他翻手为云覆手为雨，哪怕他聪明到前无古人后无来者。

有些人将这种无力感无限放大，在离生命尽头还很远的时候便自动放弃，活得如行尸走肉；而有些人知生命之有崖，每一天每一刻都为了实现人生的价值而努力。这种人即便他真的死去了，那他还是活着的，比如，在风住尘香的残花尽头，依旧孜孜不倦地写下《金石录》《〈金石录〉后序》《打马图》的易安居士。

卿虽不在矣，乃永生矣。

因此，珍惜生命，珍惜时间，远离负面情绪，远离怨声载道之人，做事想后果，待人多真诚，这样，方可在不怨不悔中实现人生的逆袭，方可在有限的生命里达到旁人鞭长莫及的高度。

至于是否是山外有山，人外有人，那根本就不重要，因为在拓展生命深度的同时，你就已然拥有了岁月静好的无尽生命。

愿我们都能活到时间的尽头，而非在生命仍未结束时便早早死去！

归杭州，逢故人

其一

芳草池塘，绿阴庭院，晚晴寒透窗纱。谁开金鏁，管是客来唦。寂寞尊前席上，春归去海角天涯。能留否？酴醿落尽，犹赖有残葩。

当年曾胜赏，生香熏袖，活火分茶。尽如龙骄马，流水轻车。不怕风狂雨骤，恰才称煮酒残花。如今也，不成怀抱，得似旧时那？

——《转调满庭芳·芳草池塘》现存《乐府雅词》版

其二

小阁藏春，闲窗锁昼，画堂无限深幽。篆香烧尽，日影下帘钩。手种江梅渐好，又何必、临水登楼。无人到，寂寥浑似，何逊在扬州。

从来，知韵胜，难堪雨藉，不耐风揉。更谁家横笛，吹动浓愁。莫恨香消雪减，须信道、扫迹情留。难言处，良宵淡月，疏影尚风流。

——《满庭芳·小阁藏春》

这里有两首词都是《满庭芳》，其一为《转调满庭芳》，为《满庭芳》的变调。两首词有些相似之处，比如整首词的意境都属于沉郁的那一类，而两首词的写作目的都是借景借物来抒情的。尤其是第一首，感情更为充沛，内容也更为深沉厚重。

对于第二首，有人认为不是李清照在后期写的，陈祖美更是认为这是其 1104 年的作品，因为词中感情确实更为内敛，而非后期词作那般沉郁的悲伤。但也有人认为这首词是后期作品，李清照借助梅花诉说自己的清傲不屈，词中那句“难言处”意为“我不想说出我的家世”，让人觉得这其实是对于战火流连的一种不想谈及的痛苦，这种痛苦，早期的诗词里是决计没有的。

但这首词无论是从情感的厚重程度还是从内容的丰富程度来讲，都不及第一首。如此，我们重点分析第一首。

老样子，为了更好地分析诗词，我们还是先来了解一下女词人彼时的处境以及经历吧。

大约在 1135 年的五月份，李清照又返回了杭州。彼时，宋高宗也早已返回了杭州。

在返回杭州的路途中，李清照经过汉代隐士严子陵的钓台，想到严子陵的生平，便赋了一首叫作《钓台》的诗来表明心迹。

巨舰只缘因利往，扁舟亦是为名来。
往来有愧先生德，特地通宵过钓台。

严子陵名光，字子陵，是刘秀早期的好友。后来，刘秀称帝，几次请他做官，他都拒而不出，终日隐居在富春江边以垂钓为乐。

严光此举到底是真隐士还是只是了解刘秀为人不想蹚浑水，我们现在不得而知，但彼时的李清照看到前人的钓台，想到严光的自在，却是极其羡慕的。想当年，她也有过“屏居乡里十年”的美好时光啊。

从这里，我们可以看出，诗人对于动荡的生活极其厌倦，可又不得不疲于奔命。

上天好像听到了女词人的心愿般，在她赋了这首诗之后，她流荡无依的晚年逃难生涯总算是告一段落了。

回到杭州的这一年，李清照五十二岁，此后，便一直居于在杭州的弟弟——李迒的家中。

李迒也有官职在身，常常要远赴任所，离别与重逢之间，女词人依旧不减赋诗作词的兴致，她曾经写过一首《青玉案·征鞍不见邯郸路》来表达对离别的无奈。

全词如下：

征鞍不见邯郸路，莫便匆匆归去。
秋风萧条何以度？明窗小酌，暗灯清话，最好留连处。
相逢各自伤迟暮，犹把新词诵奇句。
盐絮家风人所许。如今憔悴，但余双泪，一似黄梅雨。

全词色调深沉，读之令人唏嘘不已。李清照这时候的生活是极其孤独凄凉的，她时不时地会回忆起当年的“胜赏”，而后将过去的美好生活和今日的凄凉憔悴作对比，寄托故国之思，感叹身世浮沉。而今天要分析的这首词，便是在这种情况下写就的。

她终于回了杭州，见到了久别的亲人，疲惫的内心也终于得以安宁了片刻。

彼时，她住在弟弟为她安排的房子里。房子后有庭院，庭院里有池塘，池塘中长满了春草，庭院中有成片的绿荫。

这郁郁葱葱的美无一不在昭告着春天的到来。

可虽说春天来了，但夕阳透过纱窗照射进来却仍旧带着一丝寒意。

她拢了拢衣服，刚想取本书来看看，却听见有人扣响了门上的金锁，想来是有客人来了啊。

她心下拂过一丝喜悦，她寂寞的心事就要有人来共同排解

了吗？她抱着这种心态，匆匆走到门边，开了房门。

可是，门外空空如也，除了几片随风落下的枯叶。

她失魂落魄地回了房间，心想，自己这是寂寞到已经出现了幻觉吗？

她寂寞地坐在桌边，对面并没有客人，眼前的杯盏中也并没有酒。杭州更非她的故乡。

她还能留住些什么？酴醾花都已经落尽了，只剩下一些残瓣。

如此，她还有什么可以期待的呢？

一股浓烈的悲伤涌来，她想起了当年，那个车如流水马如龙的年代。那时候，她也是社会上的名流啊，她还常常因为点香熏香了袖子，她也总是在火上煮茶，然后逐一倒入到客人的盏中。

罢了罢了，当年既然已经尽情享受过了那般美好的生活，那么也不必在意如今的狂风暴雨了，谁又能保证好光景能够天长地久呢？如今，她依旧煮着她的酒，看着这风雨后的残花。

只不过，眼下这心情却是十分沉重的，同从前那种无忧无虑的光景不可同日而语了。

作下这首词的时间是 1138 年。

这一年，宋高宗任命秦桧为右丞相。

这一年，南宋朝廷开始推行向金求和政策。

这一年，秦桧削去抗金将领韩世忠的兵权。

这一年，宋金初次协议，南宋取回包含开封的河南、陕西之地。宋高宗以向金国纳贡称臣为代价，换回了东南半壁江山的统治权。

这一年发生了很多事，归纳起来就是：放弃抗争、居安一隅，向金国俯首称臣。

在这种情况下，李清照内心的失落以及绝望显而易见。这不仅是个人的失落，同时也是一个时代的失落。因为朝廷的懦弱，因为人性的自私，因为武力的缺失，他们不得不向抢夺自己江山的仇人低头，这是任何一个有血性的人都忍不了的，可偏偏他们对此无能为力。这是多么悲哀啊！

寻寻觅觅

很多人分析李清照的生平喜欢将其分为两个阶段：一个是南渡前，还有一个便是南渡后。

但事实上，南渡前可以分为三个阶段：第一个是未遇爱情的少女时代；第二个是柔情蜜意的新婚时代；第三个，就是夫妻渐行渐远的时代。

而南渡后也可以分为两个阶段：第一个是六十五岁之前，彼时的李清照虽然穷困潦倒，但文坛上、上层社会中，还不时有钦佩她才学的人提到她的诗词文，也还不时有一些贵族妇女邀约她游赏、作诗；到了六十五岁之后，因为前文谈及的士大夫对女子的要求日益严格，又因为李清照曾经改嫁，故而上层社会对李清照的态度由认同欣赏逐渐变为讥谤排斥。

生命最后阶段的李清照，笔下有一种类似于赵明诚去世之前，回光返照般的热闹和繁华。想来，生活在一次次好转之后再度将她推入谷底，已让她彻底看淡自己所遭受的苦难，由关注内心变为着眼世界了。

这个阶段的李清照，其实已然升华了。境界更为旷大，眼界更为开阔。

而《声声慢·寻寻觅觅》这首词，是李清照自身感受凄苦到一定境界的作品。

寻寻觅觅，冷冷清清，凄凄惨惨戚戚。乍暖还寒时候，最难将息。三杯两盏淡酒，怎敌他、晚来风急？雁过也，正伤心，却是旧时相识。

满地黄花堆积。憔悴损，如今有谁堪摘？守着窗儿，独自怎生得黑？梧桐更兼细雨，到黄昏、点点滴滴。这次第，怎一个愁字了得！

这些年发生了什么呢？李清照为何会彻底心如死灰，继而说出“凄凄惨惨戚戚”这样的话语呢？

一切，还是要跟政治环境联系起来。

绍兴十年（1140 年），金兀术率兵大举南侵。在岳飞等爱国将领抗金取得节节胜利之时，宋高宗赵构却在一天之内连下十二道金牌，令岳飞退兵，以致“十年之功，废于一旦”。

绍兴十一年（1141 年），在原本一切形势大好的情况下，主和派却与金朝订立了可耻的“绍兴和议”，主要内容有：向

金称臣、上贡黄金白银、割城于金等。

此后，南宋暂保了数年的和平，却也彻底将先前的耻辱和着血泪吞下。

对于万千大宋臣民来讲，失去的亲人以及无法返回的故土家园，从此之后便真的成了一个凄美的梦，成为此生再不想谈及的痛。

过去是一场不能谈及的空梦，现实是一枚必须吞下的苦果，因此，伦理道德就开始占据了南宋人生活的重要地位，被纳入各种学问体系中。

程颐首倡寡妇："饿死事极小，失节事极大。"

朱熹主张："存天理，灭人欲。"

随着理学的发展光大，这些伦理观念日益被更多人倡导，一些表现正常情感的作品，符合正常人性需要的行为就与之发生了冲突。李清照晚年难被上层社会所容的悲剧，其根早就埋下了。

话不多说，我们来分析这首词吧。

她整天都在寻寻觅觅。寻觅什么呢？谁也不知道，就连她自己也不知道。她只知道眼前的清冷惨淡，使她不由得感到极度的哀伤凄凉。乍暖还寒之时，最难保养休息。

她偶尔会饮上三两杯淡酒来御寒，可即便如此，都无法抵御这傍晚的冷风疾吹。

真冷啊，连大雁都向南高飞，准备回去避寒了。

她呆呆地看着头顶的大雁，猛地想到了那年，他外出游历之时她独自等他的光景。那时候，她也看到了这样的大雁，还赋了一首众人交口称赞的词，她说："雁字回时，月满西楼。"

过往的一切，她都记得很清楚，清楚到宛若昨天发生似的。

只是，大雁年复一年地飞过，如此相似，他却是再也等不回来了。

她别过脸，低下头，再也不想看任何会勾起回忆的伤心物了。

她折步回家中，后园中已开满了菊花，金黄一片，好不喜人。女词人却忧伤憔悴地无心再去赏花惜花了，她愣怔地看了一眼这大片的金黄，这美好的花啊，还有谁来采呢？

当年，繁花一开，瞬间便会被采光，如今，怕是再没人有这雅兴了。

她呆坐在窗前，想啊想啊，思绪在繁华的过往以及枯败的境况中穿梭，就这么独自熬到天色昏黑。

天逐渐暗了下来，梧桐宽大的叶片上传来"簌簌"的声响，她愣怔地抬手，才发现不知何时竟下起了小雨。

这雨一直下着，缠缠绵绵，牵扯不断，一直下到了黄昏时分。

此情此景，用一个愁字又怎能说得尽？

全词哀婉凄切，令人不忍卒读，这是李清照的心声，也是那个年代万千大宋人的心声，他们亲眼见证了沧海桑田。

帘儿底下听人笑语

落日熔金，暮云合璧，人在何处。染柳烟浓，吹梅笛怨，春意知几许。元宵佳节，融和天气，次第岂无风雨。来相召、香车宝马，谢他酒朋诗侣。

中州盛日，闺门多暇，记得偏重三五。铺翠冠儿，捻金雪柳，簇带争济楚。如今憔悴，风鬟霜鬓，怕见夜间出去。不如向、帘儿底下，听人笑语。

作下《永遇乐·落日熔金》这首词的时间是1150年。彼时，李清照过得并不好，以年老之躯承受着旁人的嘲讽。

胡仔为《苕溪渔隐丛话》作序，曾经谈及李清照再嫁张汝舟之事，给了一句评价："传者无不笑之。"就是说，谈到这件事的人，没有不取笑李清照的。

胡仔自己并没有对此发表言论，只是以一种高冷、不屑的语气说了旁人对这事的看法。也就是说，他很瞧不起李清照的再嫁，同时，连点评都不想给一句。

早在绍兴十三年(1143 年) 前后，李清照将赵明诚遗作的《金石录》校勘整理，表进于朝。这一切并未引起什么水花，宋高宗彼时连自己都顾不上，更别说管她什么《金石录》了。但李清照从未放弃过先夫的遗愿，一直到她生命的最后，都在致力于诗词写作。

不仅如此，她还致力于栽培后代。

绍兴二十年（1150 年），也就是写下《永遇乐·元宵》的这一年，她六十七岁时，收了一个叫韩玉真的女弟子。

韩玉真此人身世也很坎坷，曾经全力资助夫婿林自建赴京赶考，林自建考中后却抛弃了她，韩玉真四处奔波，万里寻夫，留有感怀诗《题漠口铺并序》一首传世。

这个林自建，比之赵明诚真是差了不止一丁点儿。

当然，韩玉真可能并不是李清照唯一的女学生。为什么这么说呢，那是因为一件趣事。这事还是跟陆游有关。

陆游曾经为她夫人孙氏写过一篇墓志铭，内容如下："夫人幼有淑质，故赵建康明诚之配李氏，以文辞名家，欲以其学传夫人。时夫人始十余岁，谢不可，曰：'才藻非女子事也。'"

也就是说，李清照曾经想收一个姓孙的姑娘为徒弟，教她诗词歌赋，但这个女子拒绝了，并以十岁之龄说出"才藻非女子事也"这种大道理。

李清照的伤心，可想而知。

好了，闲话不多说，我们还是来看看这篇，李清照在绝望、沧桑以及自我怀疑中写下的《永遇乐·落日熔金》吧。

这一天是元宵节。

她依旧记得，年幼时，每逢元宵节都异常热闹，有阿婆早早包好的汤圆，有爹爹同她讲白蛇、孔子的故事。再后来，又多了一个与他在灯会相识的记忆。

元宵节之于她，既是不愿谈及的美梦，碰一碰就疼得她痛切心扉，但这又是使她支撑下去的动力，给予她温暖。

她有些悲伤地抬头，落日金光灿灿的，好似熔化的金水一般耀眼。落日后的暮云色彩斑斓，仿佛碧玉一样晶莹鲜艳。

这景致如此美好，美好得都使她产生了些许疑惑。如今，她到底置身在何方呢？

她正犹疑着，注意力却被周遭的景致吸引过去了。

新生的柳叶如绿烟点染，耳畔有声声幽怨的《梅花落》自笛中传来。春天的气息初露端倪，想来，已经离春天不远了啊。

或许是因为太过美好，以致女词人泛起了一丝没有缘由的担忧。

春色一片大好，但谁又知道这元宵佳节不会有风雨出现呢？她实在是太过担忧了，连那些诗友驾着华丽的车马前来召唤，她也只能报以婉言拒绝。

不过，她真的是担忧天气吗？是她心中的愁闷焦躁作祟吧。

她从未忘却汴京繁盛的岁月，更从未忘记那年闺中闲暇之

时她有多么地看重这正月十五。

那时候，她早早便对这一天充满期待，早早便会打扮妥帖，戴上翠羽装饰的帽子、金捻成的雪柳，而后跟打扮得同样俊丽整齐的女友们一起去河畔赏花灯，期待着梦中的那位少年郎。

而她，也如愿等来了自己的少年郎。

即便后期历经沉浮，感情多次变迁，可那一天的心底悸动，她永远都不会忘。

人生若只如初见，世事若从不曾变，那该有多好。

如今的她，容颜憔悴也无心打扮，头发蓬松也无心梳理，她更是害怕在夜间出去，夜的安静会无限放大她的寂寞愁苦。

罢罢罢，既然如此，不如就安静地坐在房间里，从帘儿的底下听一听别人家的欢声笑语吧。

如果说，有人的身世与国家的变化相互契合，那么，李清照绝对算一位。

年少时有多辉煌，中年就有多落寞，年老时就有多惨烈。

彼时，南宋偏安一隅，李清照孤苦伶仃。记忆越是美好，越会衬出现实的不堪。

可那又能如何呢？再不堪，终归还是要走下去的。

一百多年后，在南宋行将灭亡之际，刘辰翁反复吟诵着李清照的《永遇乐》，与她隔着百年的岁月产生了强烈的共鸣：“余自乙亥上元诵李易安《永遇乐》，为之涕下。今三年矣，

每闻此词，辄不自堪，遂依其声，又托之易安自喻，虽辞情不及，而悲苦过之。”

刘辰翁说，他照着李清照的词和了一首，虽然才情不若她那般高，但悲苦绝对不比她差。

如此，我们也来欣赏欣赏吧。

璧月初晴，黛云远淡，春事谁主。禁苑娇寒，湖堤倦暖，前度遽如许。香尘暗陌，华灯明昼，长是懒携手去。谁知道，断烟禁夜，满城似愁风雨。

宣和旧日，临安南渡，芳景犹自如故。缃帙流离，风鬟三五，能赋词最苦。江南无路，鄜州今夜，此苦又谁知否？空相对，残釭无寐，满村社鼓。

刘辰翁笔下的“乙亥”是公元1275年，“三年”后即1278年，而南宋政权覆灭就在1279年，也就是作下这首和词的一年后。

一年后，走投无路的南宋王朝随着崖山海战失败及陆秀夫背着刚满八岁的小皇帝跳海而彻底灭亡。

历史，终于掀开了另一段篇章。

另一种人生

后世的很多人都很羡慕李清照，总觉得她作为一个女子，该有的东西都有了，比如绝世的才华、旷古的名声、优渥的家境、合意的夫婿、秀气的长相，甚至有些人对于李清照笔下奢华的生活也表现出了极大的向往，认为用得起金兽香很令人羡慕。

可实际上，那些很有可能只是诗词里的意象，并非真实存在的。比如写《永遇乐·落日熔金》的时候，李清照已经有六十七了，那时候上流社会的人对她多有鄙视，笔者不太相信有“香车宝马”来找她游玩，很有可能就是借的意象或是艺术的夸张。

而那些所谓的才华、名声也并不如我们所想的那样。

陈祖美在《李清照诗词文选评》里曾经说过，旧时女子的命运主要是由三个男人决定的。父亲决定女儿的贫富贵贱；丈

夫决定妻子一生的苦乐酸甜；儿子决定母亲老来的贵贱和危安。

李清照的父亲——李格非的命运非常坎坷，她从父亲那里所得到的庇护是很有限的；她与丈夫之间，虽传有不少甜蜜的佳话，实情却是与其同甘者日短、共苦者时长、孤独时刻更长；她既无子嗣，又中年丧夫遭遇国破，晚年还流落他乡。

由此可见，李清照的命运是极其悲苦的。

也正因为这样，年老之时，她才尤其渴望一份平淡的温暖。

这篇《长寿乐·南昌生日》便是李清照在这种情况下写的，具体写作时间无从考证，大约是在她五六十岁之时，但因为这篇词所代表的心态颇具典型性，笔者便将其放在了倒数第二篇，作为半个总结之用。

微寒应候，望日边，六叶阶蓂初秀。爱景欲挂扶桑，漏残银箭，杓回摇斗。庆高闳此际，掌上一颗明珠剖。有令容淑质，归逢佳偶。到如今，昼锦满堂贵胄。

荣耀，文步紫禁，一一金章绿绶。更值棠棣连阴，虎符熊轼，夹河分守。况青云咫尺，朝暮重入承明后。看彩衣争献、兰羞玉酎。祝千龄，借指松椿比寿。

初六那一天，李清照被邀请参加了一个生日宴。

宴会上，女主人高坐在藤椅上，享受无数后辈的叩拜。热热闹闹的气氛将李清照心中的凄苦驱赶了些许，她也暂时忘却了恼人的现状，同他们一起沉浸到欢乐中来。

这一天，天气微冷，李清照看着湛蓝的天空还有眼前的盛景，不由得期盼着太阳能够早些升起，这样，气氛必然会更热闹的。

台阶前的蓂荚长出六片叶子了，这位夫人的生日也正好是初六，这六片叶子好似在应景。

李清照抿了口酒，一缕稀薄的光淡淡地洒到她的胳膊上。天将破晓，春天也将会在不久的将来来临啊。

南昌夫人微微含笑着朝李清照敬酒，李清照淡淡笑开，回敬了一杯。

李清照仰头一饮而尽的间隙，想了很多南昌夫人的故事，她承认，她羡慕南昌夫人脸上的宁静和祥和，那是自己这种奔波的人脸上所看不到的福气。

日头渐渐升高。多么和煦的阳光啊，当年南昌夫人就在这个时候出生的啊。她出生在一个显赫的家庭，家中人视她为掌上明珠，对她寄予厚望。后来，她渐渐长大了，拥有了不俗的姿容、贤淑的品德和良好的教养。再然后，她嫁给了一个好丈夫。到如今，她生活着的昼锦堂已经是儿孙满堂，而且个个都是有出息的达官贵人了。

光荣啊，南昌夫人的家庭成员已经进入朝庭中枢，一个个都身佩金印绿绶位列三公。可更喜的是，她的两个儿子福荫不断，持虎符乘熊轼车，成为了地方太守。他们的未来不可限量，而且很快就会高升，进入中枢成为皇帝倚重的大臣。

快看，这两个兄弟正穿着彩衣纷纷上前向寿星拜寿，朝她

敬献美食和美酒呢。

李清照伸出长袖，用青衫掩面，一口饮尽杯中的清酒。

一滴泪，和着酒被一道饮下。

罢了罢了，人各有命，羡慕也是羡慕不来的，既然如此，不如安心祝寿吧，就祝寿星长命百岁，与松椿同寿吧。

这首词用溢美之词写了一个叫作“南昌”的寿星，前面是赞扬寿星的家庭身世，后面是赞扬寿星的儿子，同时预测寿星的儿子将会青云直上位极人臣。

这首词从某种性质上讲其实算是应酬的词，在喧嚣华美的背后，是李清照悲惨不堪的现状。那一个个“荣耀”，不是拍马屁的庸俗，而是一个可怜者的真心羡慕。

“南昌”寿星，可谓是荣耀一世，极其有福之人。这样的人生与李清照是完全相反的两个极端，而这样一个女人才是真正的万人羡慕的对象。

李清照终归只是在虚幻的世界得了个圆满，至于真实的生活则是一片狼藉。

可这又有什么关系呢？这世上有太多的人享一世的荣耀，顺风顺水地走了一生，可在生命的最后，所有的一切皆化作虚无了，连一丝刻骨铭心都不曾有过。

李清照享受过无上的甜，品味过最美的酒，留下过最好的词，也暗自吞下过诸多的苦难，这样百味皆尝遍的人生，私以为才是不枉白白走了这一遭的。

故事写下最终结局

年年雪里，常插梅花醉。挼尽梅花无好意，赢得满衣清泪。

今年海角天涯，萧萧两鬓生华。看取晚来风势，故应难看梅花。

——《清平乐·年年雪里》

这首词具体作于何时不可考，可以肯定的是，这是作者的后期作品。

这是一首典型的赏梅词作，李清照截取早年、中年、晚年三个不同时期赏梅的画面，深刻地表现了自己早年的欢乐、中年的悲戚以及晚年的沦落，对自己一生的哀乐作了形象的概括与总结。

李清照后期一直借住在杭州的弟弟家中，虽然少了些动荡，但内心的那份凄苦却是无法言喻的。

人越老，越是喜欢回忆往昔。彼时，无论是一枝梅花，还是一壶清酒，都可以很轻易地让李清照像江州司马那般湿了青衫吧。

话不多说，我们跟着这首词，一起走近李清照的内心世界吧。

又到了冬天，天上开始飘起了片片的雪花。

李清照裹着一身棉衣，瑟缩着站在一片银白的大地上。银装素裹的世界，好似只有她一个人。

她的头发花白了，背驼了，脸上爬满了皱纹。

回顾过往，她的前半生可真是甜如蜜啊，而后半辈子却苦似黄连。如果时光能够重来，那该多好啊！

她想起了小时候，那会儿每逢下雪，她便常常会沉醉在插梅花的兴致中。只有在阁楼上听雨的浪漫可以比拟。

长大后的她，虽然有梅枝在手，却没有好心情去赏玩，只是漫不经心地揉搓着，边搓边想很多东西。现在想来，那时候使自己烦闷的无非就是儿女情长，这小女子的心思跟她后半生的苦难相比根本不算什么，可那时候她却时常伤心得泪水都沾满了衣裳。

后来那些惨痛的故事发生了，国破了，家散了，人去了，她也再不复年轻时的貌美，变得形容枯槁。

她慢慢被时间的丝线缠住，最后连挣脱的力气都没有。

今年梅花又开放了，可这次她却连搓揉的兴致都没有了。

现在的她，一个人住在偏远的地方，身边没有熟悉的景，没有梦中的人，连铜镜里的她也不是她所熟悉的那个她，而是两鬓斑白的一个老人。

这个人是谁呢？

她沉浸在一种无能为力的颓废中，任过去的斑斓在眼前飘过，却始终无法抬起苍老的双手，在雪中摘下一朵红梅。

她正想着，一阵凛冽的风刮过，梅花在枝头颤抖着娇嫩的身躯，几片花瓣在风中零落。

想来，一夜北风之后，明日她就再也看不见它的绚烂了吧。

时光如水，匆匆而过，一别经年，独留她一人思念旧人故国。

属于她的故事，终于落下了帷幕。

李清照的卒年大约在宋高宗绍兴二十六年（1156年），也许还在更后面，具体时间已经无法考证了，大概是因为当时无人关注这个风烛残年的老者吧。

李清照并不是被后世吹捧出来的“千古第一才女”，她在那个时代就是第一才女。可就这般璀璨的才女，在那个乱世，都无人知晓其晚年流落于何处，这不能不说是一个时代的悲哀。

这还是当年那个爱才如命的宋朝吗？

南宋的消亡，其实早在崖山之战前，早在才气风华泯灭的过程中，便逐渐拉开了序幕。

这可真是一个悲剧啊！

而这个悲剧不仅是李清照个人命运的悲剧，更是那个容不下人的正常情感，容不得女子才能卓著、评点世事、欲与男子一争高低的时代的悲剧！

不知道在李清照去世的那天，是否有一群人在寥落的鞭炮声中漠然地围观，不知道他们是否知道，从那副躯体中飘走的是一个多么伟大的、了不起的灵魂。

如果说武则天改变了女子不能坐拥天下的局面，那么，李清照的存在则是赤裸裸地嘲讽了“女子无才便是德”的陋习。

她的存在，是大宋的荣耀，是整个中国历史的荣耀。

李清照的一生经历了太多的曲折，包含了太多的情感，也写下过太多的佳句。她以她超凡绝世的才华、深婉丰厚的情致、超旷弘毅的志行树起了一座丰碑。这不仅是一座中国文学史的丰碑，也是一座人类心智史的丰碑，更是一座女性内心尊严史的丰碑！

易安，你从未真正死去。